日本企業の物流軽視が招く

〝モノが運べない〟危機

久保田精一
Kubota Seiichi

幻冬舎MC

日本企業の物流軽視が招く〝モノが運べない〟危機

目次

第5章　物流・SCM重視への転換のために

第1章

はじめに

物流・SCM軽視は日本経済の構造的課題

「トラックドライバーが集まらず、モノが運べない」という物流危機への懸念が高まっている。

その直接的な原因は、ドライバーの賃金の低さや労働条件の劣悪さであり、また、そのような賃金・労働条件を招いているトラック運賃の低さである。

ただし、この説明では物流危機を招いた本当の原因を十分に説明しているとは言えない。

トラック運賃の低さが物流危機の原因であるならば、運賃の見直しをすれば良い。もちろん、運賃を値上げする原資がないという企業も多いだろうが、その場合は、トラック1台でより多くの貨物を運べるような輸送効率改善を図る等、次善の策を考えるべきである。運賃の低さは、物流危機の原因というよりも、危機を招いている真因がもたらした結果の一つでしかない。

むしろ本当の問題は、このような危機を前にしてもなお、適正運賃を支払うことをせず、また輸送効率改善にも本腰を入れて取り組まないような企業側の姿勢である。その背後にあるのは、日本企業に根深くはびこる「物流軽視」の思想である。

後述する様々な調査データから分かるとおり、日本企業の多くが物流はコア・コンピタンス（企業の中核能力）ではないと考えている。言い換えれば、物流が競争優位につながらないと考えているということであり、このことと物流危機が自社の競争力を損なうリスクに無関心であることとは、表裏一体の関係にある。

物流軽視の「思想」は、ビジネスの現場に様々な問題となって現れている。

後ほど詳しく説明するが、「物流出身者は役員になれない」「物流専門職としての採用枠がない」「物流部門はリストラの最優先候補である」などの傾向が、その典型である。「物流の地位の低さ」は産業界内では「当たり前のこと」のように受け止められており、「会社内でいかに物流部門が冷遇されているか」というのは、もはや物流関係者の自虐ネタの域に達している。

さらに議論を広げれば、物流軽視の風潮は産業界に留まらず社会全体で確認できる。

「大学教育における物流軽視」「政治・行政における物流軽視」や、「軍事における兵站《へいたん》軽視」などもその一例である（図表1）。

百歩譲って、日本の物流が効率的で、経済活動に何ら問題を生じていないので

図表1　日本の物流軽視を象徴する様々な事象

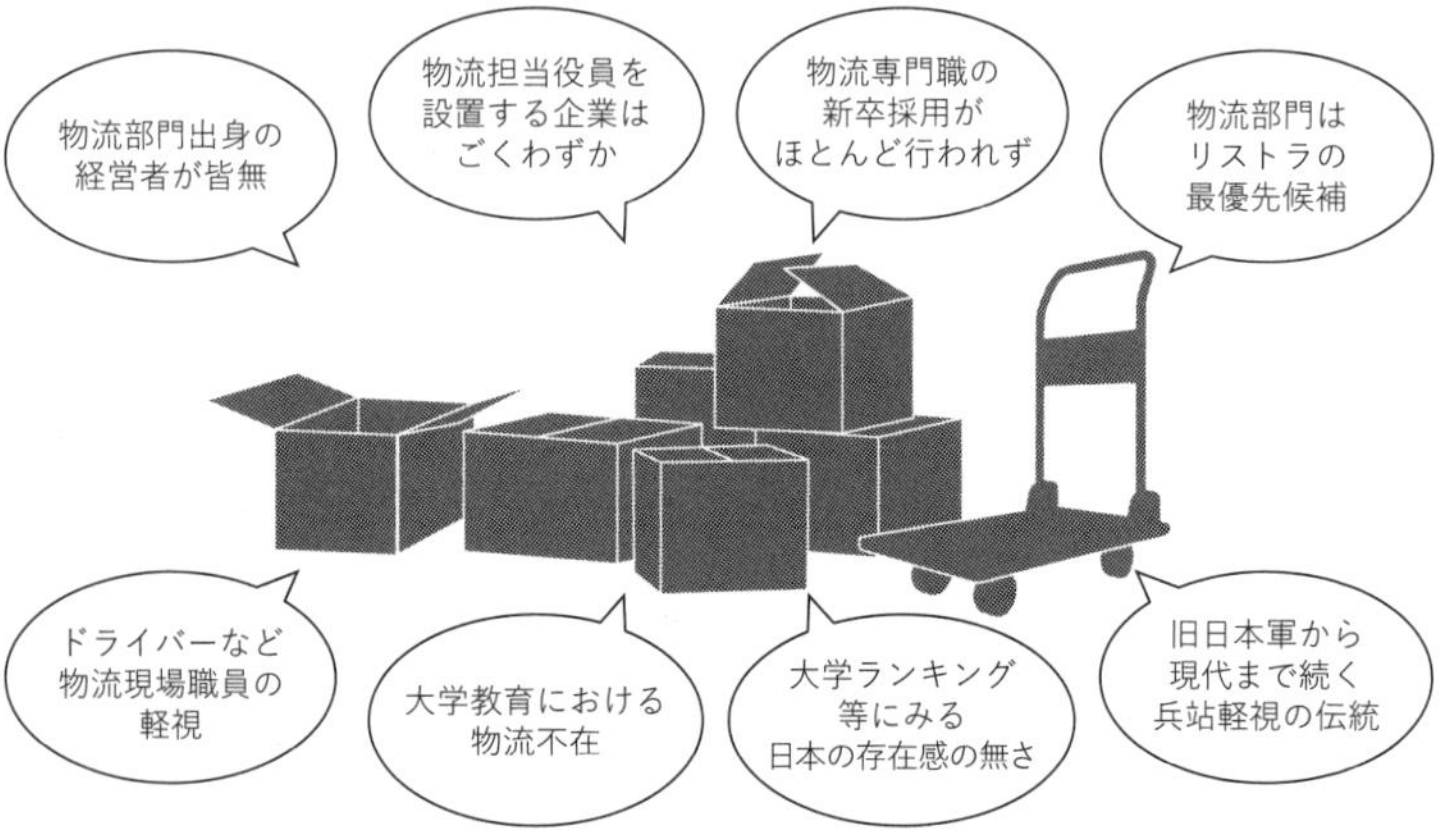

資料:筆者作成

あれば、物流の扱いを特に問題視する必要はないかもしれない。しかしながら、今まさに「物流危機」が目前の課題となっており、輸送の非効率、人手不足、さらには物流インフラの問題に至るまで、「物流軽視」に関係があるとしか考えられない問題が多発している。

物流軽視という問題は、物流業界のポジショントークのように捉えられがちだが、実際には、より根深い日本経済の構造的課題である。

SCMにも共通する「軽視」の姿勢

以上では「物流」に限って説明したが、同じ問題は「サプライチェーン・マネジメント（SCM）」についても言える。

サプライチェーン（供給連鎖）とは、原材料から最終消費者に至る、複数の企業をつないだ一連の物資供給の流れである（図表2）。サプライチェーン・マネジメント（SCM）は、その「供給連鎖＝チェーン」が滞りなく、効果的・効率的に機能するように管理することである。

物流は「モノの移動・保管」といった物理的な管理が主な対象となるのに対し、SCMでは、「需給管理」「在庫管理」といった、企業を跨いだ高度な管理が対象となるという違いがある。

このように両者は内容的には異なるものの、相互に補完的な関係がある。

例えば、「サプライチェーン全体の在庫を削減する」というSCMの取り組みを実現するには、少ない在庫水準でも品切れを起こさないような、高品質な物流が必要である。また、物流効率化によりコスト削減を実現するためには、納品先企業と連携して在庫を減らす、といったSCM分野の取り組みも必要である。こ

図表2　サプライチェーン（供給連鎖）の例

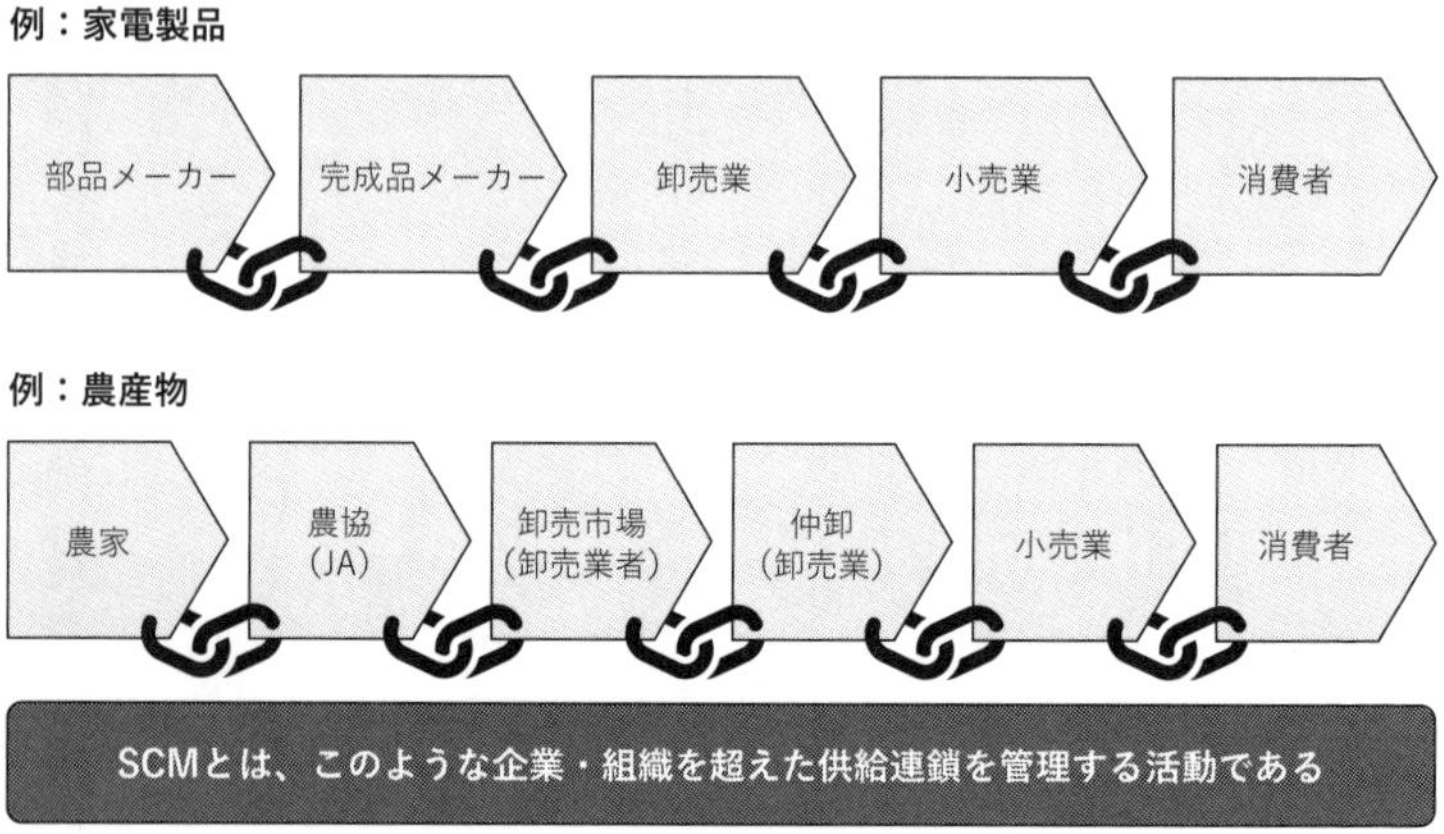

資料：筆者作成

のように、高度なＳＣＭと高度な物流とは、お互いに補い合うような関係にあるのである。

以上のような両者の関係を踏まえると、どちらか片方だけを「重視」し、もう片方を「軽視」するということは通常はあり得ないことが分かる。「物流軽視」は「ＳＣＭ軽視」につながるし、その逆も同様である。両者は一体不可分であり、同根の問題だということである。そして実際、日本企業におけるＳＣＭに対する姿勢も、物流と同様の課題を抱えているのである。

なお、以下で物流軽視といった場合にＳＣＭ軽視のケースを含めて記述するなど、物流とＳＣＭを明確に区分しない場合があるが、以上のような事情があるためであることをご了承いただきたい。

「物流重視」への転換でより良い日本の物流へ

ところで、以上の説明に対して違和感や反感を持つ読者も多いかもしれない。「日本の物流はむしろ進んでいるのではないか？」と。

もちろん、日本の物流には良い面が多々あるし、また当然のことながら、すべての企業が物流を軽視しているわけではない。この点で誤解を与えないよう、あらかじめ説明しておきたい。

まず、日本の物流の一番の「強み」は、物流現場力の高さや、きめ細かなサービス品質である。

現場労働者のレベルの高さ、モチベーションの高さの点で日本が世界トップレベルにあることには異論は少ないだろう。東南アジア諸国等では、日本流の「カイゼン活動」を取り入れて品質向上に取り組んでいるような現地企業も多い。様々な問題を抱えながらも日本の物流が機能しているのは、優秀な現場労働者に支えられている側面が大きい。

もう一つ「強み」を挙げるなら、フォークリフトや自動倉庫などの物流自動化・機械化である。物流自動化・機械化では、日本企業が世界トップシェアを誇る分野が数多く挙げられる。最近、アマゾンロボティクスなどによってこの分野への注目が高まっているが、世界に先駆けて物流自動化・機械化を進めたのは日本であり、例えば日本で自動倉庫の導入が進んだのは1980年代後半のバブル期に遡る。これは今から40年近く前のことである。

このような物流自動化の背景には、この分野に戦略的に投資を続けてきた企業の存在がある。日本を代表するグローバル企業の中には、トヨタ自動車や花王、ユニクロのように、物流分野に戦略的にリソースを投入している企業が少なくないのだが、これらの企業は物流自動化の先進企業でもある（これらの企業については、第5章で改めて紹介する）。

以上の説明からも明らかなとおり、すべての日本企業が物流を軽視しているわけではない。全体として見れば物流を軽視する企業が多い一方、近年、「物流重視」に舵を切る企業が増えているようにも感じられる。

本書の狙いも、そのような流れを後押しすることで、「より良い日本の物流」

を実現することであるということを強調しておきたい。

筆者について

本論に進む前に、筆者のバックグラウンドについて紹介しておきたい。

筆者は、１９９０年代末から物流分野の調査・研究・コンサルティング活動に従事してきた。また現在は複数の大学で物流分野の教育活動に携わっているほか、中小企業大学校などで物流業や荷主企業向けの研修活動にも従事している。一般紙、業界誌・紙やウェブ媒体で物流をテーマとした原稿を数多く執筆させていただいている。

これまでの経歴をざっくりと説明すると、最初の10年は財務省系のシンクタンク、次の10年間は物流・ロジスティクス専門団体の調査部門に在籍したのち、独立し10年ほどになる。最初に所属したシンクタンクでは物流以外の業務も担当していたが、それ以降の20年間は物流分野（中でも企業物流）の専業である。

コンサル市場の実態は外からは分かりにくいが、企業物流分野のコンサル（具体的には、企業の物流戦略立案や物流改善支援等の業務）はニッチ領域である。

筆者はこのようなニッチ領域で（たまたまながら）長く活動してきた希少種ということになるが、そのような経緯もあって、企業の物流実務関係者との接点がコンサル業界内では多い部類であり、業界事情に日常的に接する立場にあると言える。本書の内容も、物流実務家の方々との交流を通じて受けた示唆がベースになっている。また、本書の論考の一部は、筆者が過去に様々な媒体に発表したものをベースに新たに執筆したものである。株式会社流通研究社・月刊マテリアルフロー編集部など、これまで執筆の機会を頂いた関係各位に御礼申し上げたい。また、データ引用を承諾いただいた公益社団法人日本ロジスティクスシステム協会等にも感謝申し上げる次第である。

　本書のテーマである物流軽視の問題――、すなわち、物流への軽視が物流高度化を阻んでいるという問題も、筆者独自の見解というよりは、筆者が交流してきた物流実務家の方々の多くに共有されている問題意識である。このような問題意識を広く社会に知らしめることは、昨今話題の「物流危機」を克服するうえで重要だと考えており、これが本書の最大の狙いでもある。

第2章

物流・SCM軽視の実態

2―1　物流危機の背後に垣間見えるドライバー軽視

ドライバー不足が招く物流危機

物流軽視のマイナス面が最も先鋭に現れているのが、「ドライバー不足によってモノが運べない」という「物流危機」の問題である。

筆者は全国のトラック会社との交流の機会が多いが、ドライバー不足は年々悪化していることを実感している。近年では、東京や大阪は言うに及ばず、北東北や南九州のように求人が決して多いとは言えない地域でも、ドライバー確保は至難の業となっている。かつてドライバーの募集といえば「ハローワーク一択」だったが、最近はそれでは全く集まらなくなっている。そのためトラック会社の多くは、有料の求人媒体での募集に、多額のコストを費している。また、ドライバー

図表３　トラックドライバーの求人倍率は全職業の２倍近くに上る

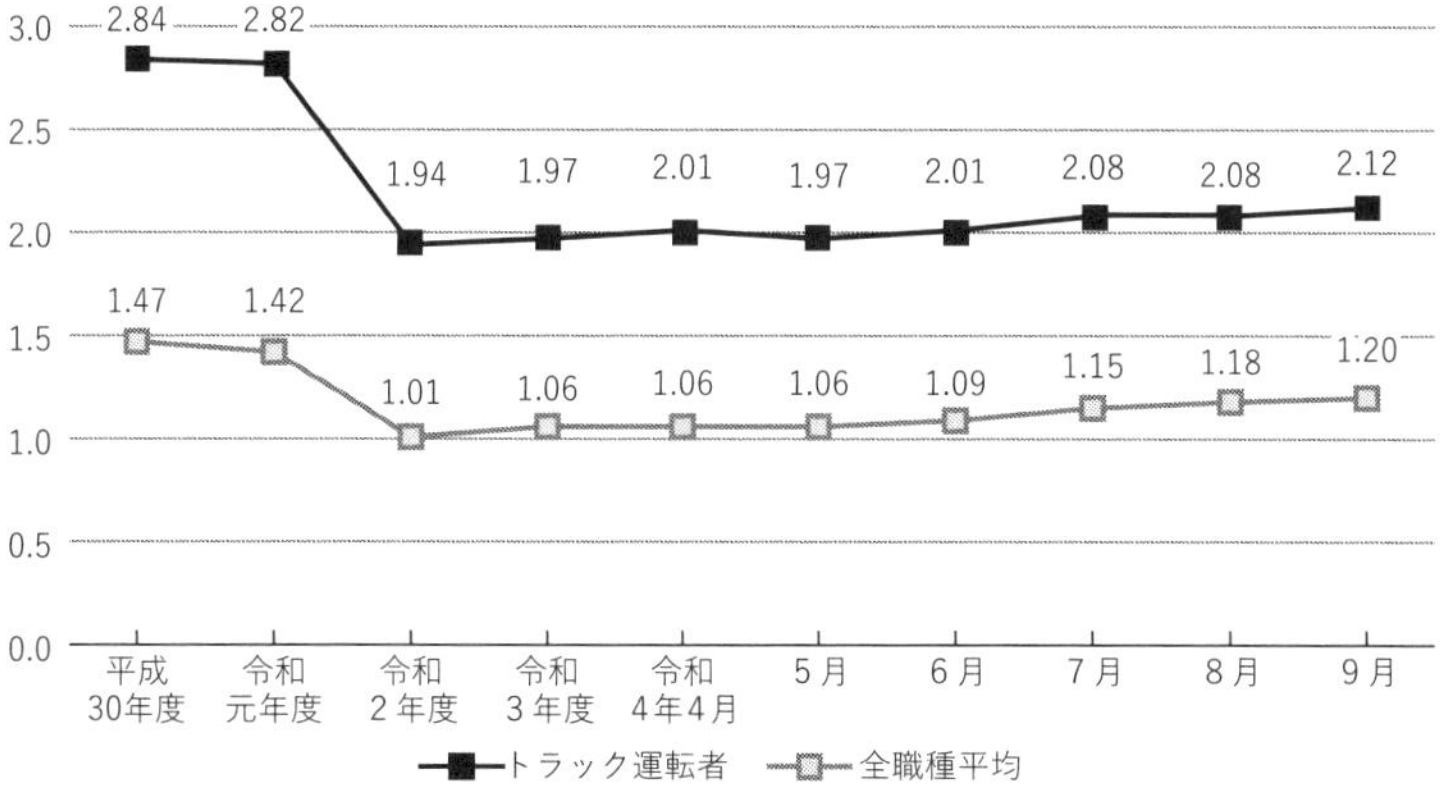

出典：厚生労働省『自動車運転者の長時間労働改善に向けたポータルサイト』
https://driver-roudou-jikan.mhlw.go.jp/truck/work

同士の紹介に紹介料を払ったり、入社祝い金を設定したりするのも、もはや業界内では「常識」となっている。

ところがこのように募集コストをかけても、思いどおりに人材は集まっていない。そのため募集のハードルを下げて何とか人数を確保しているのが実態である。

その一例が、高齢・未経験者採用である。トラック未経験者の採用は事故リスクへの懸念があるため、後ろ向きな企業が多いのだが、最近では「60歳代までなら未経験者でも可」とする企業も少なくない。これは一例だが、これほどまでに人材が逼迫しているのである。

このようなドライバー不足によって、トラック会社は車両を稼働させることができず、また、荷主企業は商品を運べないという問題が生じているのである。

物流の２０２４年問題とその影響

物流危機の原因として、いわゆる「物流の２０２４年問題」が取り上げられることが多い。２０２４年問題についてはメディアで繰り返し報道されているため、詳しい説明は割愛するが、簡単に言えば、ドライバーの残業時間（時間外労働）の上限が、原則として年間９６０時間までに引き下げられることにより、ドライバーの労働時間を短縮することが必要となるという問題である。

言うまでもなく、労働時間の減少は輸送能力の低下につながる。規制強化によって、ざっくりと言えば１ヶ月に10時間程度残業時間を減らす必要があるのだが、これは長時間残業を前提とした運行が多い長距離トラック運行を中心に、大きな影響を与える。そのため長距離トラック輸送に頼らざるを得ない地域や産業を中心に、モノが運べなくなる事態が懸念されているのである。

このように、重大な影響が懸念される２０２４年問題だが、その際、忘れては

図表４　法改正の概要（拘束時間に関する規定を中心とした整理）

	改正前（下線は仮定を含む）	改正後（下線は仮定を含む）
１日	■原則 ・拘束時間：13H ■上限 ・拘束時間：16H ※15Hを超えるのは週2回 ■勤務間インターバル下限：８H	■原則 ・拘束時間：13H ■上限 ・拘束時間：15H（長距離～16H） ※「長距離」は週2回まで16Hまで延長可（例外） ■勤務間インターバル下限：９H ※「長距離」は週2回まで8H
１ヶ月	■原則 ・拘束時間：２９３H ・時間外：98H（休日労働込） ■上限（繁忙期等の特例） ・拘束時間：３２０H ・時間外：125H（休日労働込）	■原則 ・拘束時間：２８４H ・時間外：89H（休日労働込） ■上限 （繁忙期等の特例、3ヶ月を超えて連続しない範囲で） ・拘束時間：３１０H ・時間外：115H（休日労働込）

注：2024年4月に改正される改善基準告示（ドライバーの労働時間等を定めるもの）を整理したもの。
なお改善基準告示は拘束時間のうち時間外に相当する時間の明確な定めがなかったため、時間外は一定の仮定のもと筆者が推定したものである。

出典：厚生労働省資料を元に筆者作成 2022年12月時点

ならないのは、２０２４年問題への対策によって輸送能力が減少するだけでなく、ドライバーの収入も減少するということである。ドライバーの収入は、残業手当の占める比率が大きいのだが、残業時間の抑制は残業手当の削減に直結する。これによって、ドライバーの低収入化にさらに拍車が掛かることが、新たな懸念材料として浮上しているのである。

そもそも物流危機の原因はドライバーが集まらないことであり、その根本的な原因は、ドライバーの給与の低さ、勤務時間の長さといった、待遇面の問題である。トラックドライバーの労働時間は、他産業の平均よりも2割程度長い一方、給与は他産業よりもかなり低い。

少子高齢化によって労働人口が減少する日本で、このように待遇面で見劣りする職種に人が集まらないのはある意味では当然である。

この状況を踏まえると労働時間が削減されるだけで、収入向上につながらないのでは意味がない。労働時間だけでなく収入も他産業並みに改善しない限り、現下の物流危機が解消しないことは、火を見るより明らかであろう。

ドライバーの待遇改善には生産性向上が必要

では、ドライバーの待遇を「他産業並み」へと底上げする手段はあるのだろうか。この問いへの答えがあるとするなら、「物流の生産性向上」ということに尽きる。

ドライバーに給与を支払うトラック会社も、資本主義社会を構成するイチ民間企業でしかない以上、トラック運送で生み出される付加価値以上の給与を支払うことはできない。物流の生産性の低さに手を付けないままで、待遇だけを改善するのは難しい。

ところで、日本のドライバーの給与の低さを語る上で、よく引き合いに出されるのが米国の好待遇である。

少し前に米国の流通大手・ウォルマートが「新人ドライバーを年収１４００万円で雇用する」とのニュースが流れ、物流業界内で大きな驚きをもって受け止められたのだが（注1）、ドライバーであっても1千万レベルの給与はアメリカでは珍しくない。もちろん、円安の影響や欧米のインフレ傾向などの外部要因も無視はできないが、それでも４００万円台が標準的である日本におけるドライバー給与の3倍以上であり、埋めがたいほどの差である。

では、米国のドライバーの給与がこれほど高い理由は何か、といえば、やはりその生産性の高さである。

映画などで見るトラックを思い浮かべていただくと分かるとおり、米国のトラック輸送の主流は大型トレーラーである。これらの大型トレーラーは、日本で主力の4トン～10トントラックよりも遙かに積載重量が大きく、統計から推計すると、その差は平均で約2倍程度に達する。そして積載の差がドライバーの生産性に直結することは、容易に想像できるだろう。

米国の高い給与は、このような生産性の高さに裏打ちされているのである。生産性の違いを無視して、給与の高さだけを日本でまねしようとしても、土台無理な話であり、まずは生産性を引き上げることが必要である。

日本のトラック輸送の生産性が低迷している原因は、輸送ロットの小ささ、納品先での長時間待機の発生といった、輸送条件の悪さである。そしてこのような輸送条件を生み出しているのは、トラック会社というよりは、製造業や流通業といった荷主企業である。

このように考えると、荷主が物流効率化に積極的に取り組まない限り、トラック輸送の抜本的な生産性向上は難しいことが分かる。現実には、実務を物流会社に丸投げする荷主企業が多いわけだが、その理由を突き詰めると荷主の物流軽視の思想に行き当たる。この思想を転換し、物流に真剣に取り組むことが、物流生産性向上の必須条件である。

そのような荷主の意識転換を抜きに、ドライバーの待遇改善は実現できない。

職業威信スコアに見る「ドライバー軽視」

ドライバーの待遇改善は、物流危機を乗り越えるための必要条件である。ただし、ドライバー不足を解消するうえで、もう一つ忘れてはならない課題がある。それは、ドライバーの社会的地位の向上である。

ドライバーの労働にはブラックなイメージが付きまとっており、残念ながら社会的にリスペクトされる職業とは言いがたい。仮にドライバーの給与が「他産業並み」に引き上げられ、「そこそこ稼げる」程度の報酬を受け取れたとしても、ドライバーを希望する若者が増えるとは考えにくい。今後、長期的に若年労働力の不足が続く日本社会では、社会的にリスペクトされない職業はますます避けられるはずだ。

その意味で、待遇改善はドライバー不足解決の必要条件ではあるが、十分条件ではない。職業としての魅力を高め、社会的地位を向上することにも取り組む必要がある。

ドライバーの社会的地位を示すデータとしては、職業の社会的地位を調べた「社会階層と社会移動全国調査（ＳＳＭ調査）」というものがある。ＳＳＭ調査は

図表5　職業威信スコア（1975 年 SSM 調査）
背景色はエッセンシャル・ワーカーのうち代表的なものを筆者が例示したもの

	職業名	スコア		職業名	スコア		職業名	スコア
1	裁判官	87.3	29	無線通信士	57.3	**57**	**自動車運転者**	**40.6**
2	大会社の社長	83.5	30	デザイナー	56.3	58	質屋	40.2
3	大学教授	83.5	31	中小企業の課長	55.9	59	テレビ組立工	40.2
4	**医師**	**82.7**	32	プログラマー	54.6	60	左官	39.8
5	国会議員	81.1	**33**	**警官**	**54.2**	**61**	**郵便配達人**	**39.8**
6	高級官僚	80.6	**34**	**看護婦**	**52.8**	62	石工職	39.5
7	パイロット	74.9	35	卸売店主	52.5	63	印刷工	37.6
8	大型船の船長	74.8	36	電気機関士	51.8	64	旋盤工	37.3
9	小中学校の校長	73.6	37	製図士	50.9	**65**	**パン製造工**	**36.7**
10	公認会計士	73.0	**38**	**保母**	**50.5**	66	漁業者（漁師）	35.9
11	司法書士	70.3	39	会計事務員	49.4	67	商店の店員	35.5
12	作家	70.1	40	小売店主	48.9	68	保険の勧誘員	35.4
13	大会社の課長	65.9	41	船舶機関員	48.1	69	旅館の番頭	35.2
14	音楽家	65.8	42	タイピスト	47.4	**70**	**食品かんづめ工**	**34.2**
15	**薬剤師**	**65.4**	43	化学薬品製造工	46.8	71	集金人	32.7
16	新聞記者	64.6	44	大工	45.3	72	紡績工	32.6
17	中小企業の経営者	63.0	45	理容師	45.0	73	守衛	32.4
18	小学校の教諭（先生）	62.9	46	自作農	45.0	74	列車ボーイ	32.0
19	土木建築技術者	62.7	**47**	**鉄道の駅員**	**44.6**	75	ウエイトレス	31.4
20	レントゲン技師	61.3	48	中小企業の一般事務員	43.1	76	小作農	29.6
21	機械工業技術者	61.0	49	洋服仕立職	42.9	77	行商人	28.1
22	スチュワーデス	60.5	50	自動車修理工	42.6	78	採炭夫	28.1
23	市役所の課長	60.4	51	指物師	42.6	79	大工見習	28.0
24	大会社の企画・営業社員	60.0	52	セールスマン	42.3	80	運搬人	27.2
25	寺の住職	58.7	53	電話交換手	42.2	81	道路工夫	26.7
26	プロスポーツ家	58.2	54	電気工事人	41.3	82	炭焼夫	23.4
27	工場・現場の監督者	57.6	**55**	**レストランのコック**	**40.7**			
28	漁船の船長	57.3	56	車掌	40.7			

注：現代では不適切と思われる表現が含まれるが、原典のままの記載とした。

資料：「1975年SSM全国調査報告」1975年SSM全国調査委員会編

１９５５年から10年ごとに実施されている調査である。研究者による共同研究として実施されているＳＳＭ調査だが、サンプル数の大きさなどは公的統計に匹敵する規模であり、信頼性の高いデータを提供している。

ＳＳＭ調査では、回答者による職業のスコアリングデータをもとに、「職業威信スコア」というデータを公表している。

図表5では１９７５年ＳＳＭ調査の職業威信スコアを引用している。１９７５年という古いデータを引用しているのは、これ以降の調査では、ドライバーを代表する職業名称が「自動車運転者」から、「バス運転手」に変更されているためである。バス運転手は人数も少なく、業務内容もドライバー職を代表しているとは言いがたい。このような事情があることから、１９７５年という古いデータを引用したのだが、職業威信スコアは長期的に順位が安定していることが知られており、大まかな傾向を把握するには充分である。

さて、図表5はスコアが高い順に並べたものであり、概ね左が高スコア、右が低スコア、真ん中が中くらいという区分だが、このうち自動車運転者は「右」の中でやや上位といった位置づけである。このように、データから見てもやはり、地位が高いとは言いがたいことが分かる。

エッセンシャル・ワーカーの中でも低いドライバーの地位

ところで、コロナ禍においてテレビなどで度々使われたことで、広く知られるようになったのが、欧米発祥の「エッセンシャル・ワーカー」という言葉である。医療・介護や保育、さらには食料生産、消防・警察のように、社会の維持運営に必要な労働者のことを、尊敬を込めてエッセンシャル・ワーカーと呼ぶ。

エッセンシャル・ワーカーは社会の維持に必要であるものの、給与等の待遇面では恵まれない職業も多い。

文化人類学者のデヴィッド・グレーバーが『ブルシット・ジョブ／クソどうでもいい仕事の理論』（酒井隆史・芳賀達彦訳、岩波書店）で指摘したとおり、現代社会ではエッセンシャル・ワーカーとは真逆のホワイトカラーが高収入の傾向にある。例えば、社内の会議資料を作るだけの「パワポ職人」のような「クソどうでもいい仕事＝ブルシット・ジョブ」のほうが、介護労働者などより待遇面では優遇されているのが現代社会である。

「ブルシット・ジョブ」がなくても社会は成り立つが、医療・介護や警察などの職業なしには社会は回らないことを踏まえると、これは社会の矛盾というほかない。「エッセンシャル・ワーカー」という言葉には、このような真に必要な職業をリスペクトしなければならないという、欧米社会の問題意識が反映しているということもできる。

話をトラックドライバーに戻す。

トラックドライバーは生活必需品をはじめとした各種物資を運んでおり、ドライバーなしに社会は成り立たない。従って当然、ドライバーもエッセンシャル・ワーカーである。しかしながら前項で見たとおり、ドライバーの職業的地位は低い。付け加えるなら、ドライバーは看護師、警官等の他のエッセンシャル・ワーカーと比べても、その地位が低い傾向が否定できない。

日本社会ではエッセンシャル・ワーカーにリスペクトを示すという意識が十分に広がっていないことも問題だが、それに加えて、ドライバーがエッセンシャル・ワーカーだという認識自体が薄いとも感じられる。その背景には、社会にとってエッセンシャルな機能であるはずの物流への軽視の思想が垣間見える。

コロナ禍に垣間見えたドライバー軽視

このような印象を強く感じさせたのが、コロナ禍における物流およびドライバーへの社会の冷淡な対応である。物流軽視を象徴する一例として、簡単に経緯を振り返っておく。

2019年末に中国で確認された新型コロナウイルスだが、2020年に入って早々に日本国内でも感染者が確認された。その後、国内での感染の拡がりに伴って、政府より緊急事態宣言が発出された。緊急事態宣言では、不要不急の外出制限が要請される一方、「社会の安定維持に必要」と政府が指定した業種には、事業継続が要請されることとなった。

この、エッセンシャル・ワーカーに相当する業種の枠組みには、行政サービス、国防等と並んで「物流・運送サービス」も指定された。トラック運送業等にも事業継続が要請されたわけである。

ここまでの対応は諸外国と大きな差はないのだが、日本の対応が独特だったのは、事業継続を要請する一方で、トラックドライバーに対する支援がほとんど無かったという点である。コロナ禍で事業を継続するということは、必然的に感染症に罹患するリスクを伴う。よって諸外国では、事業継続を要請することの「埋め合わせ」として、ドライバーに対し各種の支援策が提供されたのである。具体的には、マスク等の感染防止資材の優先配布、ワクチンの接種の優先といった措置であり、また、感染リスクが生じる労働者に手当てを支払う「ハザードペイ」という制度を導入し、ドライバーを含むエッセンシャル・ワーカーに支給したような国・地域も少なくない。一方の日本では、このような支援策は、筆者が調べた限り確認できない。

　コロナ禍のような緊急事態にも関わらず、物流への政策的支援が行われることなく、現場任せになってしまう状況からは、旧日本軍の兵站軽視ではないが、日本社会に根付く物流軽視の傾向を感じずにはいられない。兵站が軍事活動にとってエッセンシャルであるのと同様、物流やドライバーは社会生活に不可欠である。そのような認識が社会の共通認識となっていないことが、コロナ禍で露呈したと言えるかもしれない。

注：『トラック運転手の年収、新人でも最高１４００万円に　米ウォルマート』（Forbes

JAPAN　２０２２年４月14日掲載）

https://forbesjapan.com/articles/detail/46951

２―２　物流・ＳＣＭ出身者が活躍できない日本企業

前項では物流危機の背後には、企業の物流軽視があることを述べた。それを踏まえ、ここからは企業内の各層にわたる物流軽視の実態を確認していくこととしたい。

グローバル企業における物流・ＳＣＭ専門家の活躍

日本における物流・ＳＣＭ軽視の分かりやすい「証拠」の一つが、日本企業での物流・ＳＣＭ出身者の社内における冷遇である。日本では物流・ＳＣＭの専門家と言えるような経営トップはほとんど見当たらないのだが、世界中を見渡せば、物流・ＳＣＭ出身の著名経営者を数多く挙げることができる。その中でもよく知られているのが、アップル社CEOのティム・クックである。

周知のとおり、スティーブ・ジョブスに請われてアップルに入社したティム・クックは、ジョブス後のアップルをCEOとして率い、世界最大の企業（時価総額基準）に成長させた立志伝中の人物である。一方、彼がサプライチェーンの専門家だということは、日本ではほとんど知られていない。

彼の略歴を簡単に記すと、以下のとおりである。

オーバーン大学で生産工学の学位を取得した後、IBMでサプライチェーン分野の業務に就く（後にデューク大学のMBAも取得している）。IBMでは最終的に北米フルフィルメントのディレクターを務める。その後、コンパック・コンピュータの副社長等を経て、98年にアップルに移籍する。なお当時はスマホ誕生前であり、コンパックはPC製造の同業であったことに留意していただきたい。

当時のコンピュータ産業は、多数のベンダーから仕入れた部品を組み立て、販売するアセンブリー産業の様相が強かったが、技術革新スピードの速さによるモデルチェンジのスピードと相まって、需給のミスマッチによる在庫増大が大きな問題となっていた。

そのような背景のもと、ティム・クックはサプライチェーンの専門家としてアップルに招かれたのである。

　そして同社では、リードタイムの短縮やサプライヤーの削減により、在庫水準を２ヶ月から１ヶ月へと大幅に削減した。このようなサプライチェーン分野での成功が、後の輝かしいキャリアにつながっているのである。

対照的な日系ＰＣメーカー

　ティム・クックに限らず、成功したＳＣＭの専門家が企業トップに就く例は、世界中で数限りなく挙げることができる。経営トップに至る主要コースの一つが物流・ＳＣＭだと言っても良いかも知れない。

　翻って日本企業では、物流・ＳＣＭ担当部署から企業トップが生まれる事例は非常に少ない。

　そもそも（後述するように）役員になるケース自体が少ないうえ、物流・ＳＣＭは他部署のプロパー社員が片手間的に担っているケースが多く、専門職の採用自体がほとんど行われていないのが実態である。

この点は、かつてアップルと競合関係にあった日系ＰＣメーカーを見ると対照的である。

周知のとおり、日本にも強力なＰＣメーカーがいくつも存在した時代があった。少なくとも国内市場ではアップルよりも優位にあった時期さえもあった。しかしながら、日系のＰＣメーカーでは、物流・ＳＣＭの専門家が役員クラスに就くことさえほとんど無く、また、コンピュータ部門出身者が経営トップに就いたケースもほとんど無かった。例えば、かつてＰＣ98シリーズが看板商品だったＮＥＣであっても、ＰＣ事業がピークを超えつつあった99年になるまで、コンピュータ部門出身者がトップに就くことはなかった。このような状況であるから、物流・ＳＣＭのキャリアを持つ人物がトップに就くことは、なおさら考えにくかったのである。

なお、日系ＰＣメーカーのその後の経緯は周知のとおりである。かつて大手電機メーカーがこぞって手がけていたＰＣ事業は、いずれも不採算事業に転じ、現在ではパナソニック以外の各社は実質的に撤退し、一部は中国系メーカーの傘下で生きながらえている。

もちろん、日系ＰＣメーカーが、マイクロソフト―インテル連合やアップルをはじめとした欧米企業に敗北した要因が「物流・ＳＣＭ軽視」だと言うつもりはない。とはいえ、日本企業の物流・ＳＣＭが、これら企業に劣っていたこともまた、否定しがたい事実のように思える。それが主たる要因ではないとしても、物流・ＳＣＭ軽視が幾ばくかの影響を与えた可能性を否定できないとするなら、やはり不幸だと言うほか無い。

資料：
ブリタニカ百科事典　https://www.britannica.com/biography/Tim-Cook
『7 Supply Chain Lessons from Tim Cook』　２０２３年5月閲覧
https://www.supplychainopz.com/2013/10/7-traits-great-supply-chain-leader.html

２－３　物流・ＳＣＭ担当役員（ＣＳＣＯ）の不在

ＣＳＣＯ、ＣＬＯとは何か

ＣＳＣＯ、またはＣＬＯという言葉をご存じだろうか。

ＣＳＣＯはChief Supply Chain Officerの略。ＣＬＯはChief Logistics Officerの略である。この場合の「Officer」は執行役員を指すことから、それぞれ、「サプライチェーン担当の執行役員」、「ロジスティクス担当の執行役員」を意味する。

執行役員は言うまでもなく枢要《すうよう》な経営幹部であり、会社の業務を執行する最高ポジションである。米国等ではChiefの頭文字を取って「Ｃレベル・エグゼクティブ」などと呼ばれる。日本語で言えば「重役」のようなイメージだろうか。

Ｃレベルは、そのポジションの設置自体が経営方針を反映することが多い。例

図表６　企業統治における「Ｃクラス」の位置づけ

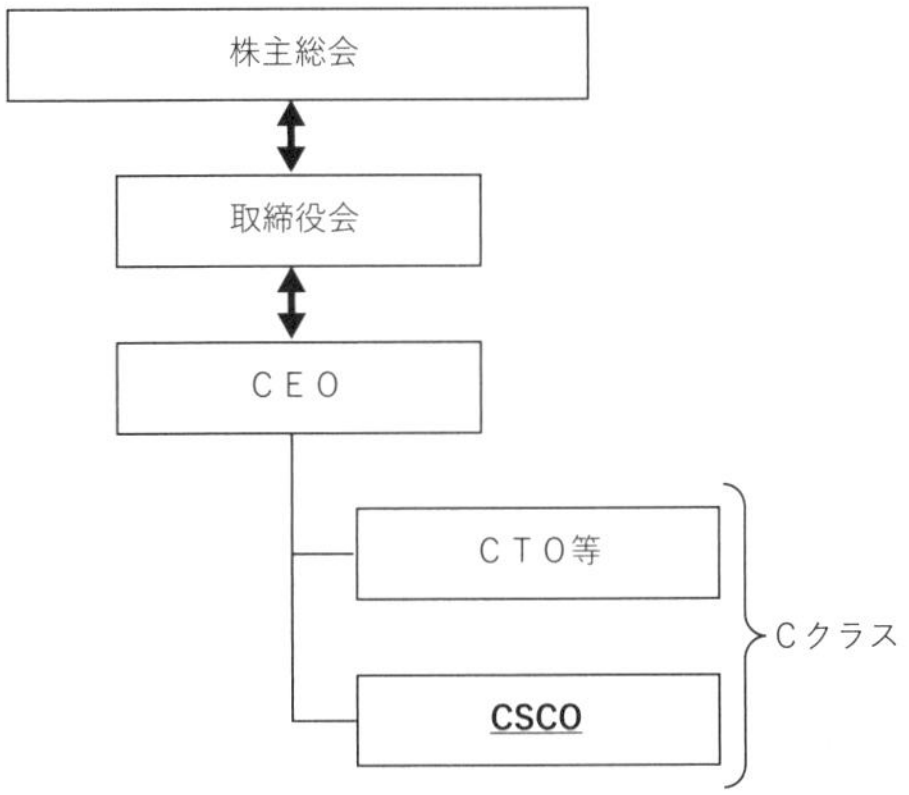

資料：筆者作成

えば技術開発を重視する会社が、その戦略実行を担保するためにＣＴＯ（最高技術責任者）を任命するといった具合である。

ＣＳＣＯやＣＬＯも同様であり、ＣＳＣＯ等のポジションを設置し、任命することは、企業が物流・サプライチェーンを重視する姿勢の表れであると見られる。

ところで、ＣＳＣＯとＣＬＯとはその指し示すイメージに違いがある。ＣＬＯが管理対象とするのは「ロジスティクス」だが、ロジスティクスという言葉には、トラック輸送や倉庫保管といった「物流実務」の印象が伴う。

一方で、CSCOの所掌である「SCM」には、上記のような物流実務に加えて、製造業・流通業における重要な経営課題である需給管理、在庫管理や調達管理等まで含まれる。よって言葉から受ける印象としては、CLOよりもCSCOのほうがより広い領域をカバーするイメージである。日本語でも、「物流部長」より「SCM部長」のほうが所掌範囲が広い印象を受けると思うが、これと同様である。

この点を踏まえると、重役レベルの役職としては「CLO」は如何にも領域が狭い印象を受ける。現代の企業実務を踏まえると、「CSCO」のほうが妥当に感じられる。実際、後述するとおりグローバル企業では、CLOではなくCSCOを設置しているケースが大半である。よって以下では役職名を「CSCO」に統一して説明を行う。

グローバル企業ではCSCOの設置が広がっている

グローバル企業におけるCSCOの設置率はかなり高い。

　次ページの図表7は、消費財メーカーのグローバルトップ30社におけるＣＳＣＯ等の状況を整理したものである。上位30社のうち実に13社（割合で言えば43％）がＣＳＣＯ等を設置しているのである。また、フォーチュン５００企業をもとに調査した報告によれば、抽出サンプルのうち68％の企業がＣＳＣＯを設置していたというデータもある（注１）。

　フォーチュン５００に掲載されるような巨大なグローバル企業の場合には、北米・アジア等の地域ごとに分社化して管理している場合がかなり多く、その場合、「北米担当」などのエリアトップが役員として任命されるケースが多い。そのような事情もあるため、「圧倒的多数の企業がＣＳＣＯを任命している」とまでは言えないのだが、それでもＣＳＣＯの設置率がかなりの水準に達していることは理解いただけるであろう。

　以上の結果はいずれも、グローバルに活躍する大企業を対象としたものであり、企業全般の傾向を表しているとは言えない。読者の中には、「グローバルな大企業は問題意識が高く、ＣＳＣＯの設置が進んでいるだけではないか？」との疑問を抱く方もいるかもしれない。

図表7　消費財メーカーのグローバルトップ30社のうち43%がCSCOを任命

	会社名	本社所在地	CSCO等役名
1	ネスレ	スイス	
2	Procter&Gamble（P&G）	アメリカ	
3	ペプシコ	アメリカ	
4	ユニリーバ	イギリス	Chief Supply Chain Officer
5	LVMH（モエ・ヘネシー・ルイ・ヴィトン）	フランス	
6	JBS	ブラジル	
7	インペリアル・ブランズ	イギリス	Chief Supply Chain Officer
8	アンハイザーブッシュ・インベブ	ベルギー	Chief Supply Chain Officer
9	タイソンフーズ	アメリカ	
10	ナイキ	アメリカ	Chief Supply Chain Officer
11	サン・ミゲル	フィリピン	
12	ブリティッシュ・アメリカン・タバコ	イギリス	
13	ロレアル	フランス	Chief Supply Chain Transformation Officer
14	コカ・コーラ	アメリカ	Chief Supply Chain Officer
15	ハイアール	中国	
16	スリーエム	アメリカ	Vice President Global Supply Chain
17	フィリップ・モリス	アメリカ	
18	ハイネケン	オランダ	Chief Supply Chain Officer
19	ダノン	フランス	
20	モンデリーズ・インターナショナル	アメリカ	Chief Supply Chain Officer
21	クラフト・ハインツ	アメリカ	Executive Vice President and Global Chief Supply Chain Officer
22	アルトリア・グループ	アメリカ	
23	万洲国際（WH Group）	香港	
24	アディダス	ドイツ	
25	ヘンケル	ドイツ	Chief Supply Chain Officer
26	フォンテラ	ニュージーランド	
27	ワールプール・コーポレーション	アメリカ	
28	レキット・ベンキーザー	イギリス	Chief Supply Officer
29	アソシエイテッド・ブリティッシュ・フーズ	イギリス	
30	キンバリークラーク	アメリカ	Chief Supply Chain Officer

https://consumergoods.com/top-100-consumer-goods-companies-2021
SupplyChain Magazine「SupplyChain Top 100 Leaders」などを参考に筆者作成。

図表８　米国のＳＣＭ専門家の職位（米国 SCM 専門家団体調査）

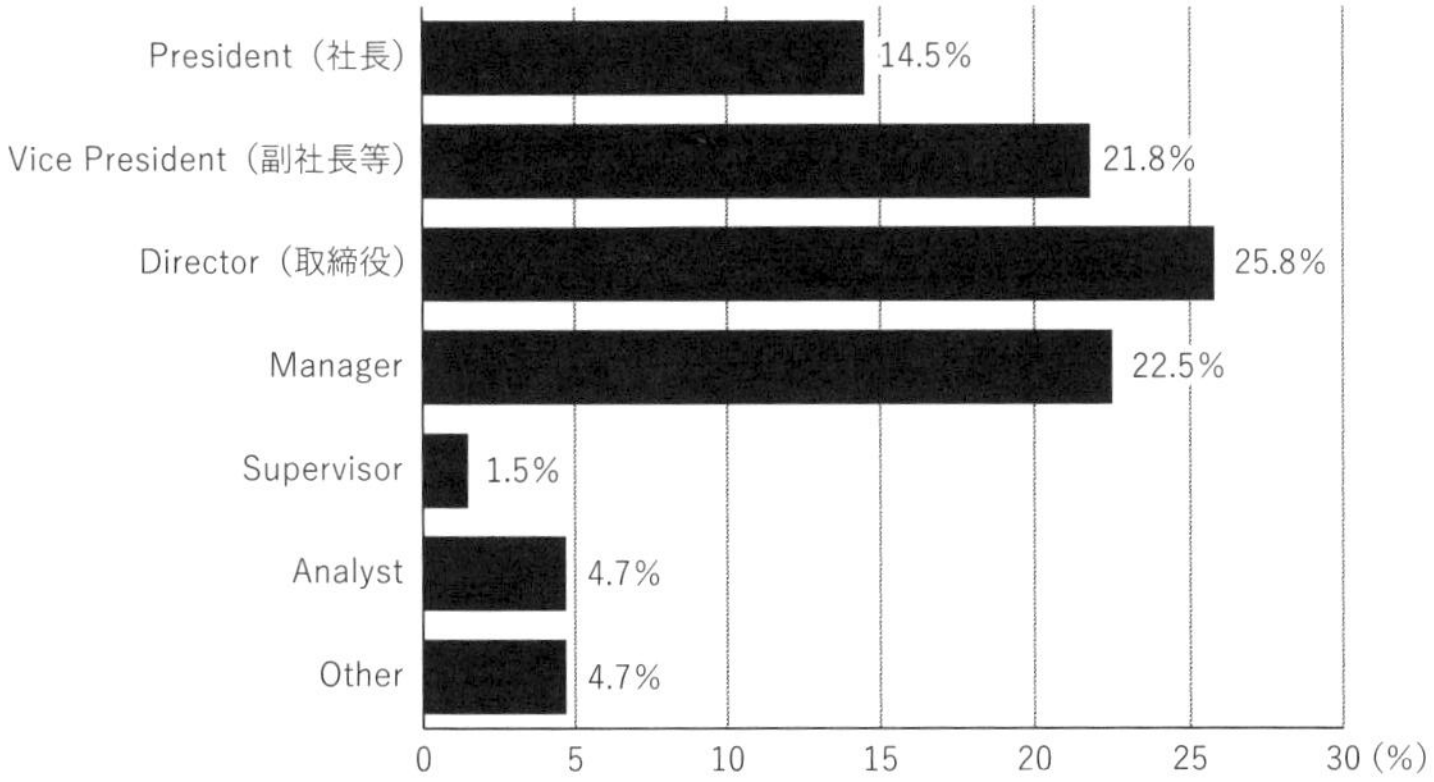

資料：CSCMP「2014 Carrier Perspecives of Logistics and Supply Chain Management Professionals」をもとに筆者作成。SCM 専門家団体である CSCMP 会員の属性を示す。

もちろんそのような傾向が無いわけではないが、米国等では企業規模にかかわらず、役員層が物流・ＳＣＭを担う傾向があることも事実である。残念ながら、このことを統計データで明確に示すことはできないのだが、傍証として、米国におけるＳＣＭ専門家の職位を調べたデータを紹介しておきたい。

図表８は、米国における代表的な物流・ＳＣＭ団体である、CSCMPが行った、団体会員の属性に関する調査結果である。CSCMPの会員は主に荷主企業等に属する物流専門家であることから、各企業の物流責任者の職位をある程度反映していると

思われる。この結果によると、回答者の職位のうち、最も多いのが「Director」である。この調査では取締役に相当する「Director」と、執行役員に相当する「Officer」とが区分されていないのだが、いずれにせよ、Director以上の「役員クラス」が大半を占めているということになる。なお、これはあくまで会員属性を示したものに過ぎず、正確な統計データではない。その意味で「傍証」でしかないのだが、役員クラスが物流・ＳＣＭを担っている実態の一端を反映していると思われるのである。

日本では「物流・サプライチェーン担当は役員になれない」

一方の日本ではどうだろうか。

日本企業では、物流を所掌するのは多くの場合、物流部長など「部長級」または「課長級」の企業が大半である。「ＣＳＣＯ」に相当する執行役員（または取締役等を含む役員）クラスが担うケースは希である。

この傾向は、データによって明確に示される。

週刊ダイヤモンドの２０２２年3月12日号には、物流に関する特集記事の一環

図表9　物流・SCM 等の担当役員を置いている上場企業の例

食品	江崎グリコ　エバラ食品工業　カゴメ　カルビー　カンロ　キユーピー 湖池屋　スターゼン　日清オイリオグループ　雪印メグミルク
化学・ゴム・ プラスチック製品等	エフピコ　関西ペイント　サカタインクス　セメダイン　多木化学　横浜ゴム
医薬品	参天製薬　第一三共　富士製薬工業
住設・建材等	アドヴァングループ　ウッドワン　三協フロンテア　サンゲツ　タカショー TOTO　南海プライウッド　フクビ化学工業
電機・機械等	キヤノン　コーセル　SMC
飲食	壱番屋　梅の花　SRS HD　トリドールHD　プレナス
卸・小売・通販	アスクル　エコートレーディング　エディオン　加藤産業 ハリマ共和物産　PALTAC　ビックカメラ　ベルク　マミーマート　三菱食品 MonotaRO
その他	アゼアス　UEX　サカタのタネ　TSI HD　　※HDはホールディングス

資料：週刊ダイヤモンド（2022年3月12日号）の記事および各社開示資料をもとに筆者にて再整理。

として上場企業の開示資料をもとにした「物流担当役員リスト」が掲載されている。これによると、「役員情報を開示している上場企業３９００社のうち、物流関連の担当が明示されている役員」の数は、わずか１２１名に留まっている。

この数でも十分に少ないが、実際にはこの１２１名にはＣＳＣＯには該当しないようなケースがかなり含まれている。個別に役職を確認すると、例えば、「ＩＴ企業のＳＣＭ営業担当役員」のようなケースや、「購買・品質・ＣＳＲ・物流担当役員」などのように、兼任者の所掌事務の一部に物流やＳＣＭが含まれているケースが多数存在しているのである。

そこで筆者でこれらを除外し、純粋なＣＳＣＯに相当すると思われるケースのみをリストアップしてみた（図表9）。その結果、ＣＳＣＯに相当するケースは、わずか50社程度に留まるという結果となった。

３９００社に上る上場企業には、ＩＴ企業など物流に関係しない企業が含まれるため、ＣＳＣＯの正確な設置率を導き出すのは難しいのだが、仮に２０００社程度を母数と考えると、ＣＳＣＯの設置率は２～３％程度しかないことになる。この比率は前記の「フォーチュン５００」と比べるまでもなく、非常に低いと言わざるを得ない。

このことから分かるとおり、日本企業では、物流を所掌するのは多くの場合、物流部長など「部長級」または「課長級」の企業が大半だということである。言い換えれば、「日本では物流のトップが役員になれない」ということでもあり、これは日本企業における物流軽視の傾向を、非常に分かりやすい構図で示している。

なぜ日本でＣＳＣＯが根付かないのか

これまで見てきたとおり、日本でＣＳＣＯが定着していないことは確実であるわけだが、では、その原因は何だろうか。「物流軽視」が一つの（重要な）要因であることは確かであるが、それがすべてではない。筆者が特に指摘しておきたいのは、日本の雇用環境の影響である。

周知のとおり日本企業（特に大企業）では、現在でも新卒一括採用（的な）雇用慣行が主流である。そのため、役員への就任というイベントを、社内における出世レースの文脈と切り離して議論することは難しい。会社員がキャリアを通じて高い成果を上げたうえで、様々な幸運があって初めて射止めることができるのが役員というポストであり、そこに至るまでには激しい社内競争が繰り広げられるというのが、人事的な文脈における実態である。

このような「社内ポスト」として役員を位置づけると、ＣＳＣＯのような職位が成立する難しさを、容易に想像できる。というのも、多くの企業では物流部門は少人数で運営されているうえ、物流専門職のような採用を行っている企業は極めて少ない。そのため、そもそも物流に特化したキャリアパスが企業内に存在しない場合が多い。つまり、物流部門で出世して役員になる、という、その前提自体が成り立ちにくいのである。この点は、前述のグローバル企業におけるＣＳＣＯの多くが、複数の企業を渡り歩きながらキャリア形成を行っていることと対照的である。

ＣＳＣＯの不在はガバナンス上の問題でもある

しかしながら、このような実態が、現代における企業統治のあり方と相容れないことも指摘しておかなければならない。

ＣＳＣＯをはじめとした執行役員は、株主総会により選任された取締役会のもとで経営を執行し、取締役会に報告するというのが、企業統治の大前提である（図表６）。このような前提に立つ限り、どのような執行役員が必要であるかは、企業全体の資本効率あるいは企業価値向上の観点から、取締役会が決定するのが本筋であり、前述のような社内事情は二義的な論点でしかない。ある企業にＣＳＣＯが必要かどうかは、「ロジスティクスやＳＣＭに力を入れることによって、企業価値が上がるかどうか」で決めるべきであり、その最終決定権は取締役会とその取締役を選任する株主にある。

ＣＳＣＯ設置と企業統治の問題はここで述べたほど単純ではないのかもしれないが、一方で、マネジメントへのグリップの強い企業――例えば外資系企業や、いわゆるプロ経営者のように、経営トップに強いリーダーシップがある企業――では、ＣＳＣＯに強い権限が与えられている傾向があることは、筆者の経験上、かなり確実である。また、図表９に挙げた中に、優れた企業統治で知られた企業が多々含まれていることもその傍証である。株主主導での企業統治には異論があるかもしれないが、ステークホルダーによるマネジメントのグリップが弱いことによって、企業価値が損なわれているとするなら、ＣＳＣＯの不在は日本経済の発展を阻害する重要問題だと言えるかもしれない。

注１：AMB PROCURES LLC. の記事による『The rise of the chief supply chain officer』
https://www.procuresllc.com/post/the-rise-of-the-chief-supply-chain-officer

2―4　リストラ対象と見なされる物流

バブル崩壊後から続いた「失われた30年」は、日本経済が苦境に見舞われ、企業がリストラを繰り返した期間であった。リストラの対象は、現場の非正規雇用の雇い止めから始まり、後に間接部門を含む正社員の解雇へと拡大した。リストラが拡大する過程では、残念ながら物流部門もその例外ではなく、むしろ格好のターゲットになったようにも見える。

企業にとってリストラは、「コア領域」と「ノン・コア領域」との選別を迫られる作業でもあるが、この間に物流部門が経験した経緯は、企業の経営判断における物流軽視の傾向を浮き彫りにしているように思える。

なお、物流を含む間接部門のリストラは、企業が公表しない限り外部からは実態を把握しにくい。しかし物流部門については、特に大手製造業を中心に子会社化しているケースが非常に多い。その「物流子会社」の変動を見ていくことで、この間のリストラの実態を浮かび上がらせることができる。

そこでここでは物流子会社を中心として、不況期における企業の対応の経緯を振り返ってみることとしたい。

元々は物流管理高度化が目的だった物流子会社の設立

物流子会社とは、メーカー等の荷主企業が、主として自社の物流を担わせることを目的に新設したり、または自社の物流部門を分社化したりして設立する子会社である。物流子会社の例は数え切れないほど挙げられるが、例えば日本製鉄子会社の「日鉄物流」、日本製紙子会社の「日本製紙物流」のように、親会社の社名に「物流」や「ロジスティクス」を加えた企業は、基本的に物流子会社である。

物流子会社の設立は、１９７０年代の高度成長期前後に急速に広がり始め、概ね80年代にピークを迎えるが、この時期は、物流管理の普及期とも重なる。

アメリカからもたらされた「物流」の概念は、70年代に日本国内に急速に普及していく。それまで企業は、「輸送」「倉庫保管」などをバラバラに管理していたが、これらを「物流」として統合的に管理する必要性が、広く共有されるようになったのである。

物流子会社の設立も、そのような文脈に位置づけられる。

大手製造業では、輸送や倉庫保管などの物流関連業務を多くの事業部で抱えていた。トラックの手配などもかつてはバラバラに実施していたのだが、このように分散していた物流関連業務を、新たに設立した物流子会社に統合することで、物流効率化を図ることができた。物流には経済学で言うところの「ネットワーク効果」によるスケールメリットが働く。そのため、物流管理を統合化することで、物流効率化とコスト削減が実現できたのである。

これに加えて、物流品質やサービスレベルが高まる効果も生じた。物流を専門とする子会社に管理を統合化することで、誤出荷を無くすなど管理レベルの高度化も実現できたのである。

このように当時の経緯を振り返ると、物流管理を高度化・効率化するためにはその母体組織として物流子会社を設立する必要があったことが分かるだろう。

電機系物流子会社はほとんど現存せず

　さて、物流子会社の設立は様々な業界で広がったが、早い時期から設立が進んだ業界の一つが電機業界である。例えば東芝が東芝物流（現・ＳＢＳ東芝ロジスティクス）を設立したのは１９７４年のことである。

　電機業界の代表的企業は「電機8社」などと呼ばれる。具体的には、東芝、日立、パナソニック、ソニー、三菱電機、富士通、ＮＥＣ、シャープの8社であるが、これらは一部の例外を除き、早い段階から物流子会社を設立している。

　電機業界としてはこの「８社」のほかに、リコー、セイコーエプソン、コニカミノルタのようにＯＡ機器等を主力とする企業も重要だが、これらの多くも物流子会社を設立している。電機業界に限ると、そのほとんどが、一度は物流子会社の設立に動いたと言って良い。

　このように物流子会社設立が広がった電機業界であるが、２０００年代に入ると転機が訪れる。

　かつて電機メーカーの物流を一手に担い、重要な役割を果たしていた物流子会

図表 10　総合電機メーカーにおける物流子会社は 2000年代以降にほとんどが売却等の対象となる

親会社	物流子会社名［当時］	売却等の相手	年次
①富士通	DHLサプライチェーン ［富士通ロジスティクス］	DHL（当時はエクセル）	2004
②三洋電機 （現・パナソニック）	三井倉庫ロジスティクス ［三洋電機ロジスティクス］	ファンドを経て三井倉庫	2010～2012
③NEC	日通NECロジスティクス ［NECロジスティクス］	日本通運	2013
④パナソニック	NX･NPロジスティクス ［パナソニックロジスティクス］	日本通運	2014
⑤ソニー	三井倉庫サプライチェーンソリューション ［ソニーサプライチェーンソリューション］	三井倉庫	2015
⑥東芝	SBS東芝ロジスティクス ［東芝ロジスティクス］	SBS	2021
⑦三菱電機	三菱電機ロジスティクス	売却等なし	－

※DHLサプライチェーンにはその後、富士通以外の複数の電機系物流子会社も合流しており、富士通ロジスティクスを継承しているわけではない。また、パナソニックはNX･NPロジスティクスの株式の3割超を保有するなど、議決権の一定割合を旧親会社が継続保有しているケースを含む。

出典：筆者作成

社だが、その多くが売却（持分のすべてまたは一部の売却）または廃止されてしまうことになる（図表10）。

富士通が富士通ロジスティクスを２００４年に、米エクセル（現ＤＨＬグループ）に売却したのを皮切りに、三洋電機（２０１０年〜）、ＮＥＣ（２０１３年）、パナソニック（２０１４年）などが子会社を売却等した結果、現在まで子会社を継続保有（持分の過半を保有）している大手電機メーカーは、三菱電機など数社だけに留まる。

物流子会社はなぜ「売却」されたのか？

さて、各社が物流子会社を「売却」（廃止等を含む）するに至った要因は、様々である。そのうちの一つは、モノづくりを縮小したために、物流管理の必要性自体が薄れたことである。事業領域をシステムインテグレーション分野にシフトしつつあった富士通などはその代表例と言えるだろう。

ただし、この要因ですべてを説明できるわけではない。高度な物流が求められる重電機器、電設資材や住設機器を製造している企業もあり、物流管理の必要性の低さだけでは説明できないからである。

このように考えると、この時期に企業が受けていたリストラの圧力を抜きにして、この間の動きを理解することはできない。２０００年以降に日本経済が直面した状況と、それによって企業が余剰人員および固定費削減による財務改善に迫られていたという事実を無視して、物流子会社売却等の広がりを理解することは難しい。

この点を理解するため、この間の経済状況を簡単に振り返っておきたい。

2001年にいわゆる「ITバブル」が崩壊すると、それまで2万円台を付けていた日経平均株価は、2003年に7600円前後を付けるまで下落を続ける。小泉政権末期の2005年前後には一時的に経済状況が改善するものの、2008年のリーマンショック（またはサブプライム危機）を契機として再び低迷期に突入する。その後も、2011年の東日本大震災による打撃や、1ドル75円台に至る超円高によって、特に輸出企業の業績は深刻な不振に陥ることになる。なお為替が本格的に円安に転じるのは、日銀が量的・質的金融緩和措置の拡大に乗り出した2014年末以降のことである。

このように振り返ってみると、2000年以降の日本企業（特に輸出企業）は一貫して極めて厳しい環境に置かれていたことが分かる。そしてこの間、多くの輸出企業は業績悪化によって余剰人員と過剰負債を抱えることになり、その重荷に耐えかねた企業は、リストラを余儀なくされたのである。物流子会社売却等の多くは、以上で述べた経済環境の激変期に重なっている（ただし、日立物流のように、この説明に当てはまらない例外もある）。

物流コスト削減策にみるリストラ

　このような「物流リストラ」ともいえる現象は、子会社の事例以外からも確認することができる。

　ここで紹介したいのは、公益社団法人日本ロジスティクスシステム協会（ＪＩＬＳ）が行った、物流コスト削減策の実施状況に関する調査結果である。ＪＩＬＳでは、毎年、製造業を中心とした荷主企業（荷主の物流子会社を含む）を対象に物流コストの実態調査を実施しているが、その中で各企業が実施した物流コスト削減策を調査している。調査されているコスト削減策の内容は様々だが、コスト削減策の中には、リストラ的な意味の強い「人員削減」、「自社の物流部門の再編成」といった項目が含まれている。

　図表11は、２０００年以降のこれらコスト削減策の実施状況を示したものである。この期間は前述のとおり、日本経済はＩＴバブル崩壊、リーマンショックなどの激変に襲われたわけだが、経済的ショックが生じるたびに、物流コスト削減策の実施内容にも変化が生じている。「人員削減」が増えるのは当然とも言えるが、同時に「物流部門の再編成」も増えていることが分かる。「物流部門の再編成」

図表11　不況期に繰り返される物流部門のリストラ
（物流コスト削減策のうちリストラに関わるものの実施割合）

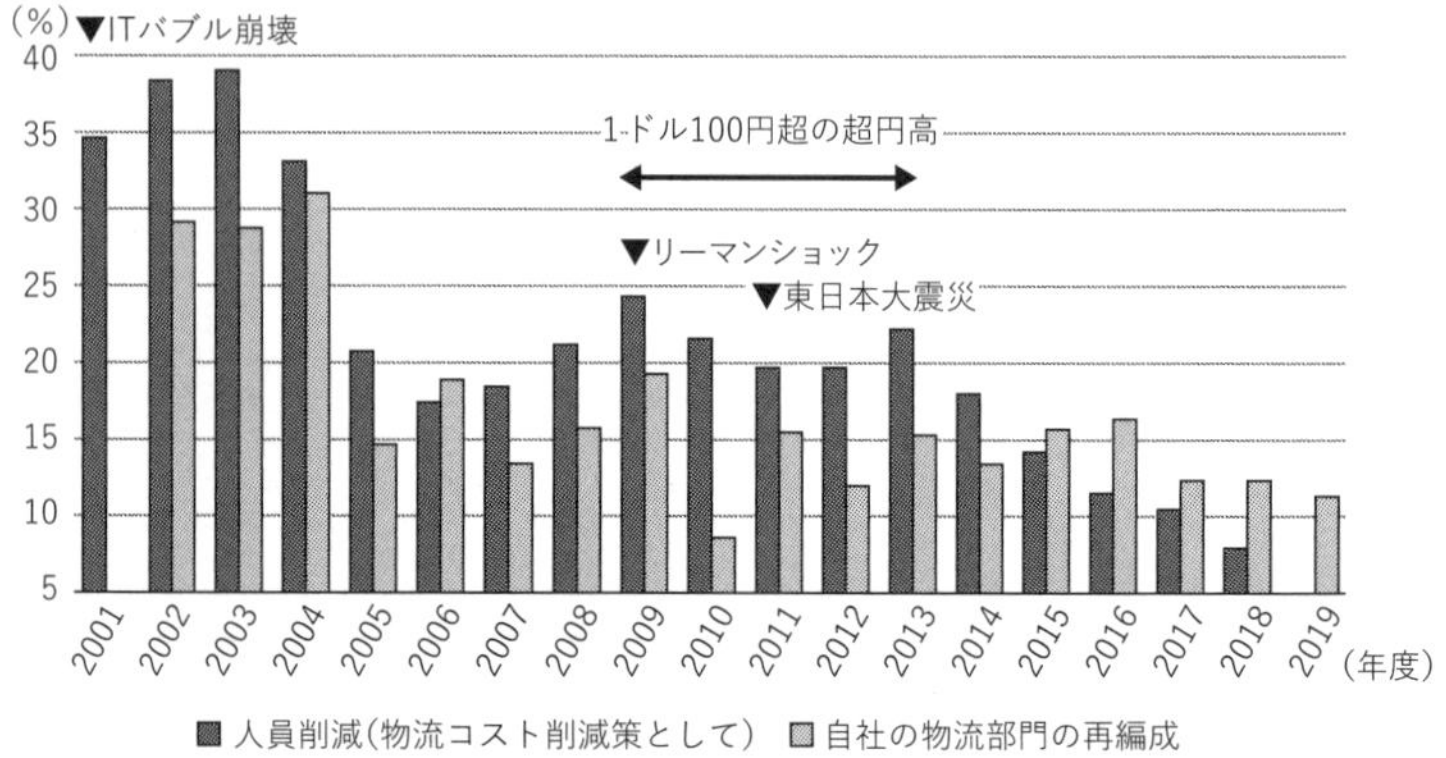

資料：日本ロジスティクスシステム協会「物流コスト調査」を元に筆者作成。数値は実施した企業数÷回答企業数。選択肢が年によって多少異なるが、ここでは代表的な標記に統一した。

の具体的な中身は物流子会社売却を含むリストラである。

このような結果からも、不況が生じるたびに物流がリストラの対象となってきた事実を確認することができるのである。

物流を「ノン・コア」と見なす傾向がリストラの背景に

さて、これまで企業が経済的な苦境に陥るたびに、物流はリストラのターゲットとなってきたわけだが、その背景にあるのが、「物流はコアではない」あるいは「本業とのシナジー効果が薄い」といった、偏見である。企業にとってリストラは、「コア領域」と「ノン・コア領域」との選別を迫られる作業であるが、「物流はコアではない」という見方は、日本企業の中に驚くほど深く根付いている。コアではない物流を縮小し、場合によっては切り捨てるのは、ある意味では当然のことである。

ただし、物流を当たり前のように「ノン・コア」と見なす傾向は、日本に特有な現象のようにも見受けられる。グローバル企業の多くが、CSCOを設置していることを紹介したが、それは企業が物流・SCMを競争優位を生む重要な機能であると認識しているからである。そして、競争優位を生むような重要な機能であれば、外部の物流会社に委ねるのは不適当である。なぜなら、外部委託先に依存する機能によって、戦略的優位性を維持するのは難しいからである。

実際、グローバル企業を見渡すと、物流機能を「自前」に転換する動きが静かに進んでいる。

その最も顕著な例が、アマゾンである。アマゾンは物流拠点を自社管理下で運営し、「アマゾンフレックス」といったマッチングシステムによって軽貨物ドライバーと契約するなどにより、輸送手段の相当量を自社で確保している。また、

図表 12　私有トラック台数の多い主な米国企業

	業種	トラクター	トレーラー	単車
ペプシコ	食品	8,397	11,734	14,906
シスコ	卸・食品	7,647	9,577	1,190
ウォルマート	小売	6,294	61,528	106
コカ・コーラ	食品	5,664	7,465	1,054
ハリバートン	エネルギー	5,637	5,637	1,160

資料：Transport Topicsによる2015年のデータから筆者作成

物流ロボット企業を買収して傘下に置くなど、物流テクノロジーの囲い込みにも意識的に取り組んでいる。

アマゾン以外の例としては、世界最大の小売業であるウォルマートも、自社流の高度な物流管理で有名である。ウォルマートは段ボールへの製品の梱包方法から輸送手段に至るまで、様々な物流条件を自社で標準化することで、効率的な物流網を築いていることで知られる。製造業で言えば、コカ・コーラ、ペプシ社等も「自前化」で有名である。

これらの企業に共通するのは、輸送手段さえも自社化しているということである。

一方、日本では、荷主企業が自家用トラックで輸送している企業は希である。自家用トラックは白色のナンバープレートを付けるが、白ナンバーのトラックは、中小型車を除くとあまり見かけない。米国では、上記企業を含め、トラックを自社管理下で運行する荷主企業が少なくない。少し古いデータで恐縮だが、例えばウォルマートは六千台以上のトレーラーヘッドを保有し、七千人のドライバーを雇用している。ペプシ、シスコ、コカ・コーラなどの製造業もこれに匹敵する台数を保有しているのである（図表12）。

このように、特に米国では自社物流に力を入れる企業が少なくない。日本から見ると、流通業のアマゾンが「アマゾンフレックス」を通じて自社でドライバーを確保しているのは異例のように映るが、そもそも米国では、流通業がドライバーを確保するのは普通のことだとも言える。

これらグローバル企業が物流の自前化に取り組むのは、「物流は戦略上重要」という経営上の認識があるからであり、その戦略が実際に各社の競争優位につながっていることに異論はないだろう。

日本国内でも徐々に広がりつつある物流重視への転換

ところで、アマゾン等が日本国内で展開する物流戦略の影響からか、日本企業の中にも変化が生じてきている。物流重視姿勢への転換を進める企業が増えてきているのである。

その代表例の一つがユニクロ（ファーストリテイリング）である。ユニクロは、各地に物流拠点の整備を進めると同時に、自動倉庫等の物流自動化へも熱心に取り組んでいる。また、店舗での棚卸や在庫確認等に電子タグ（ＲＦＩＤ）を活用していることでも知られている。お台場にある同社・有明本部は物流センターの建物内にあるのだが、これも同社が物流を重視する姿勢を表していると言えるかもしれない。

このような同社の姿勢の背景にあるのは、アパレルにおける物流の戦略的重要性である。

アパレルの売れ行きは流行に左右されるため、在庫管理が難しい。また、他の製品と比べて不良在庫化するスピードが極端に速いため、製品の企画から市場投入までのリードタイムを極限まで短くする必要がある。それと同時に、工場から店頭までのグローバルな在庫を最適に管理することも求められるのである。

このような高度な管理は、自社内に高度な物流管理機能を持つことでしか実現できない。

ただし、ユニクロも当初から物流が上手く機能していたわけではない。

ファーストリテイリング グループ執行役員 神保拓也氏（当時）によると、「（２０１５年の段階では）物流領域についてはパートナーに丸投げしている状況で、そもそもグループ内で何が起こっているのか把握できていなかった」状況だったという（注１）。そのような反省を踏まえて、物流に関する経営管理チームを立ち上げるなどの物流改革に取り組んだ結果、現在のような先進的な物流システムを実現したのである。

　このような物流重視への戦略転換は、他のアパレル企業でも進んでいる。三陽商会、レナウン、オンワードといった有名アパレル企業の多くは、かつて物流子会社を保有しており、自社管理下で物流を運営していたのだが、電機各社が子会社を売却したのと同様の時期に、その多くが子会社を売却・廃止してしまった。その影響もあってアパレル業界では物流は専門会社に任せる流れが主流であったのだが、近年ではユニクロ等の動きに触発されて、物流重視へ転換する企業が増えているのである。

　物流重視への転換は、その他の業界でも生じている。その一例は化粧品業界である。

化粧品業界では近年、メーカー通販の増大、アジアへの輸出拡大や、医薬品関連の規制強化を背景に、物流の重要性が増している。一言で言えば、流通ルート・チャネルや商品カテゴリーの多様化が進み、メーカー物流の役割が高まっているのである。

そのため、ファンケルやオルビス、花王などを筆頭に化粧品業界では、高度に自動化された物流システムを構築する動きが進んでいる。また、化粧品最大手の資生堂も、最近、大規模な物流拠点を整備したことで話題になっている。

資生堂はかつて「資生堂物流サービス」という大規模な物流子会社を抱え、先駆的な自社物流を行っていた企業でもある。その物流子会社も2000年代に売却され、一時は物流アウトソーシングの流れを推し進めていたのだが、昨今の動きからは同社の戦略が転換期に差し掛かっていることをうかがわせる。

これまで見てきたように、日本企業の多くは物流をノン・コアと位置づけ、物流子会社の売却に代表されるように物流機能の外部化を進めてきた。しかし上記の各社の動向を見ても、「物流はノン・コア」というこれまでの日本企業の常識は、転換点に差し掛かっていると言えるのかもしれない。

注１：ITmedia MONOist記事「物流崩壊から2年、ユニクロが全自動倉庫に取り組む理由（前編）」
２０１８年10月10日 https://monoist.itmedia.co.jp/mn/articles/1810/10/news063.html

2―5 物流専門人材を採用しない日本企業

ほとんどの日本企業は、大学で物流を専攻したといった「物流専門人材」を新卒採用していない。これは、物流を専門的職能と見なして人材を処遇している諸外国と大きく異なる日本企業の特徴である。

採用時に物流の専門性を重視しないという事実は、日本企業における物流軽視の表れであるとも言えるし、また、社内に物流専門人材がいないことが、日本企業で物流軽視の思想が生まれる原因だと言えるかもしれない。本項では、この問題を深掘りしておきたい。

メンバーシップ型雇用と専門性の軽視

最初に押さえておきたいのが、メンバーシップ型雇用との関連である。物流に限らず、新卒採用における専門性軽視という問題を語る上では、メンバーシップ型雇用の問題を避けて通ることはできない。

周知のとおり、日本企業の多く（特に大企業）は、メンバーシップ型の雇用を基本としている。すなわち、新卒社員は「会社のメンバー」として一括採用したうえで、本人の希望や適性を踏まえ、営業系・総務系などの分野別にキャリアを歩ませるということになる。なお、メンバーシップ制と終身雇用制はイコールではないが、現実的にはその多くは終身雇用制を前提としている。そのため、将来的に無くなるかもしれないような、ニッチな専門的職務に社員を紐づけることはしない。言い換えれば、ゼネラリストとして育成することが基本となる。

また、メンバーシップ型では、採用時点で担当させる職務内容が確定していない以上、コミュニケーション能力や営業適性のような、汎用性の高い能力を重視することにならざるを得ない。

以上のようなメンバーシップ型雇用を前提とする限り、物流のような狭い領域の専門職が成立する余地は少ない。物流に限らないが、一芸に秀でた「専門型」の人材を採用するには、専門性に基づくリクルートシステムが必要であり、これはメンバーシップ型とは相容れないからである。

物流分野における雇用の実態

なお、誤解を避けるために述べておくと、ここではメンバーシップ型雇用の是非を論じているわけではない。メンバーシップ型雇用は終身雇用制と密接に結びついており、その見直しには、解雇規制緩和の議論を避けて通れないし、そのような日本的雇用慣行の大変革は、ここでの論点ではない。あくまで物流分野における雇用実態と、生じている問題の背景を整理しているだけである。

それでは本題に立ち返って、物流分野における採用の実態を見ていくことにしよう。

図表13は国交省が「高度物流人材」の採用実態について調査したデータである。同調査で「高度物流人材」とは、「物流システムならびにサプライチェーン全体の最適化の視点から物流の効率化と高付加価値化を図るための、企画提案または

経営戦略策定ができる人材」と定義されている。ここでのポイントは、物流企画・設計を担う事務職であって、現場スタッフ等ではない、ということである。また調査対象は荷主企業であり、物流業は含まれていないことにも留意いただきたい。

前置きが長くなったが、調査結果をご覧いただきたい。グラフでは採用方法を多い順に並べているが、このうちで最も多いものは「他業務を含め一括採用」である。これは概ねメンバーシップ型に相当する内容であるが、その割合は全体の86・7％を占めていることが分かる（なお、複数回答であるため、合計は100％を超える）。

その一方で、「高度物流人材として新卒採用している」という企業はわずか11・1％に留まる。「メンバーシップ型」と比べると8分の1程度の少なさである。また、この調査では、「職務内容や責任の範囲等を明記したジョブディスクリプションに基づく採用」という選択肢も設けられている。これはジョブ型雇用に相当するが、その割合は極めて低く、わずか4・4％である。

以上のとおり、物流分野の新卒採用においてはメンバーシップ型が主流であり、ジョブ型はほとんど普及していないことが分かる。

図表13　物流高度人材の採用方法（荷主企業）

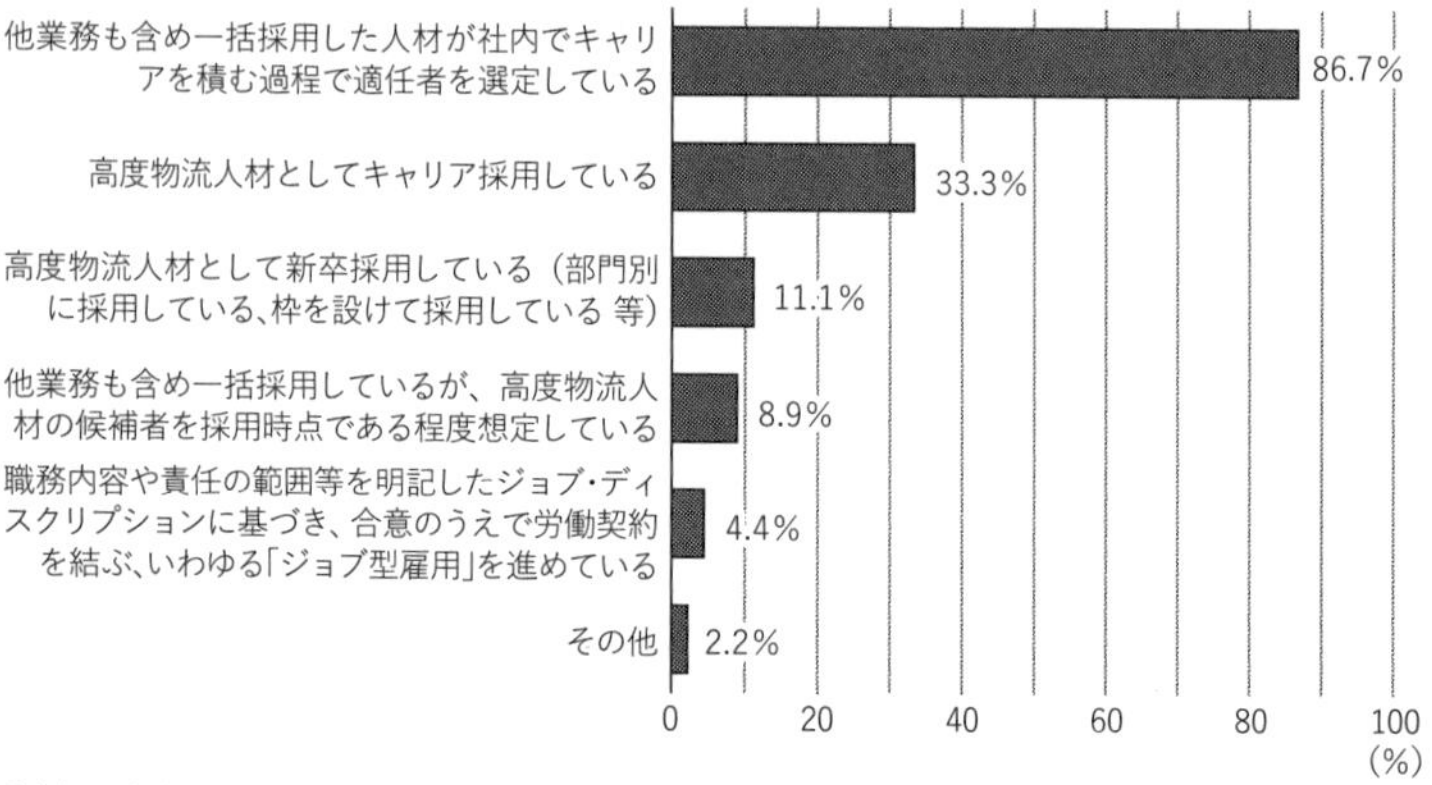

資料：国土交通省国土交通政策研究所「物流分野における高度人材の育成・確保に関する調査研究」
可読性を考慮し一部表現を筆者が修正している。

ところで前述の「メンバーシップ型」に次ぐ、2番目に多い回答は何かと言えば、「高度物流人材としてキャリア採用」である。キャリア採用とは、「スキルを有した経験者を即戦力として採用すること」であり、対象業務についての実務経験等を求められるのが普通であるが、高度物流人材としてキャリア採用を行っている企業は、全体の3分の1しかない。これは、中途採用であっても、物流の専門性が重視されていないことを示しており、物流専門人材の有効活用という意味では、新卒採用以上の問題だと言えるかも知れない。

物流専門人材の育成を阻むキャリアパスの不在

前項では企業における物流専門人材採用の低調さを見てきたが、もう一つの大きな問題は、企業内での人材育成の不十分さである。

仮に新卒段階で物流専門人材を採用しないとしても、入社後に専門人材に育て上げれば良いとも言える。ところが実際には、企業内での育成も十分ではない。その一端を示すのが、企業内での物流専門人材のキャリアパスが不明確だという事実である。物流に限らないが、定期異動のたびに職務内容が変わるようでは、専門性を深めるのは不可能である。人材の専門性を深めるには、専門性に関わる様々な職務を経験しながら、知識・経験を蓄積することが必要だからである。

従って、物流専門人材を育成するためには、物流に関わるそのようなキャリアパスを用意することが必要である。ところが、実際には、企業内で物流専門人材のキャリアパスが確立されていない。

このような実態をうかがわせるデータを一つ、紹介する。

図表14は、日本ロジスティクスシステム協会（ＪＩＬＳ）が認定する、物流・

ロジスティクス関連の有資格者に対して、同協会が実施した調査である。なお、日本では物流管理に関する国家資格がない。そのため、物流管理のスキルアップを図りたい個人や企業は各種民間資格を利用することになるが、その中でも同協会の認定する「物流技術管理士」が最も広く活用されている。なおこれらの資格は、約半年に亘るスクーリングの受講が必要であるなど、取得のハードルが著しく高いため、資格取得だけを目的としたような受講者はほとんどいない。

このような背景を踏まえると、同協会認定の有資格者を母集団とする調査は、日本における物流専門人材の実態をある程度反映していると見ることができる。

さて、図表14はこの調査のうち、「回答者(有資格者)が現在の仕事に就いた理由」を尋ねた結果を示している。

対象者が物流の有資格者であることを踏まえると、「現在の仕事」は、当然のことながら物流関連である可能性が高いが、その仕事に就いた理由として最も多いのが、「会社のジョブローテーション」である。これに「特に理由はない」を合わせると約3割に上る。「自分の能力・経験・資格を活かせるから」といった、物流への積極的な関心をうかがわせる回答もあるが、その割合はこれらを下回る。

なお出典もとの資料には年齢層別に集計したデータも示されているのだが、こ

図表 14　現在の仕事に就いた理由（物流有資格者への調査）

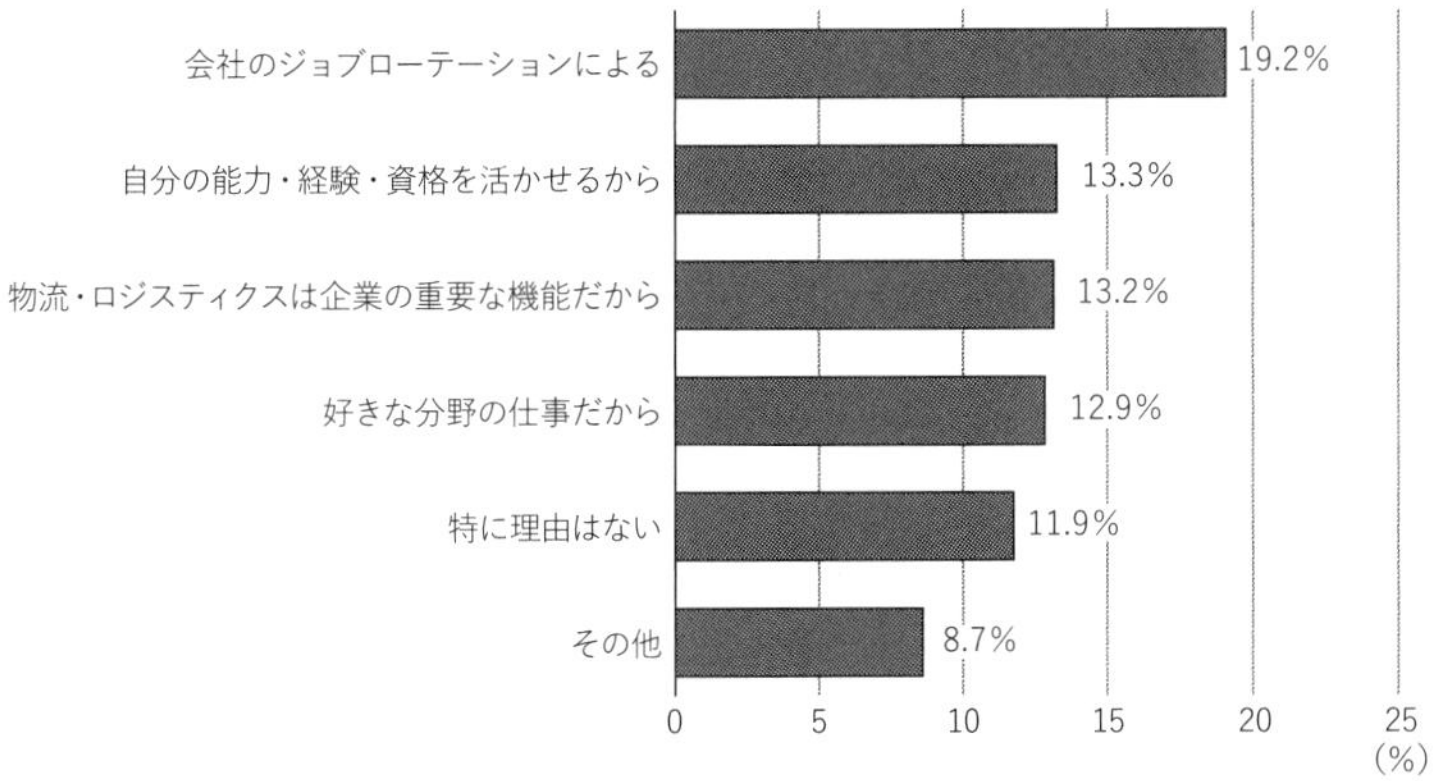

資料：公益社団法人日本ロジスティクスシステム協会「有資格者アンケート」（JILS 調査年報 2014 年版掲載）より上位 5 項目のみを掲載

の傾向は年齢層が上がるにつれて顕著になる。50代以上に限ってみると、「ジョブローテーション」と「特に理由は無い」との合計が、全体の半数以上に達するなど、物流へのキャリアパス不在をより鮮明にうかがわせる結果となっている。

筆者から見て、以上のような結果は、物流専門人材の実態をよく表していると感じられる。経験上、特に荷主の物流担当者は、営業部門や生産部門等から、ジョブローテーションで異動してくるケースが非常に多い。これは物流部長のような高位のポストでも同様である。製造業では物流部門が営業部門の下位組織に位置づけられているケースが多く、そのような場合には物流部門の人事の独立性は機能しにくい。そのような背景もあって、企業内での物流専門人材のキャリアパスは、ほとんど確立されていないのである。

一方、本項の冒頭に述べたとおり、確固たるキャリアパスなしには、物流専門人材の地位を確立することは望めない。そして社内に専門性のある人材が不在である限り、企業が物流重視に転換することもまた、期待できないのである。

２―６　大学教育における「物流・ＳＣＭ不在」

前項では物流専門人材の雇用問題を取り上げたが、これに関連して紹介したいのが、高等教育における物流軽視の問題である。「企業が物流専門人材を採用しないこと」と「大学等が物流専門人材を養成しないこと」とは、表裏一体の関係にある。そしていずれも、企業の物流軽視につながる重要な問題である。

高等教育（大学教育）における物流軽視の深刻な問題

高等教育、中でも大学教育における物流の軽視は、これまでの各項で取り上げた問題よりもさらに深刻である。高等教育における物流の存在感は極めて低いのだが、物流教育の機能不全は産業界への物流人材の供給を狭め、企業内での物流の地位向上を阻む。また人材育成は長期的な時間軸で取り組むべきテーマである。現在の物流教育の問題は、10年後、20年後の日本企業の競争力を損なう可能性もある。そのような意味で、教育における物流軽視は、深刻な問題だと言わざるをえない。

最初に誤解の無いように言っておくと、日本でも物流やSCMの研究・教育に力を注いでいる大学はある。例えば、日本通運（NXホールディングス）が設立に関与している流通経済大学は、物流分野の教員・研究者を多数抱えているし、個々に挙げないが、新たに物流の講座を開設するような大学も増えている。

とはいえ、日本で物流・SCMを専攻する学科や学部を設置している大学やその学生数を諸外国と比較すると、大きく見劣りしていることは否定しがたい。

米国における物流・SCM教育

海外の大学における物流・SCM専攻の学科、課程は、日本とは比較にならないほど豊富である。

一例として米国について見ると、学部レベルではミシガン州立大、ジョージア

図表 15 サプライチェーンの修士課程（MSSCM）を置いている主な大学

- ■アリゾナ州立大学
- ■ジョージア工科大学
- ■マサチューセッツ工科大学（MIT）
- ■オハイオ州立大学
- ■パデュー大学
- ■ラトガーズ大学
- ■テキサスクリスチャン大学
- ■コロラド大学
- ■カンザス大学
- ■ミシガン大学
- ■ピッツバーグ大学
- ■南カリフォルニア大学
- ■テキサス大学ダラス校
- ■セントルイス・ワシントン大学
- ■ケース・ウェスタン・リザーブ大学
- ■ロヨラ大学
- ■ミシガン州立大学
- ■ペンシルベニア州立大学
- ■レンセラー工科大学
- ■シラキュース大学
- ■オハイオ州立大学
- ■ヒューストン大学
- ■メリーランド大学
- ■ミネソタ大学
- ■サンディエゴ大学
- ■テネシー大学
- ■ワシントン大学

資料：ガートナー「Gartner Announces Ranking of the 2018 Top 25 North American Supply Chain University Graduate Programs」等から筆者が整理。なお、課程の具体的名称は MSSCM とは限らず、大学により異なる場合がある。

工科大、アリゾナ州立大をはじめ多くの大学が物流・ＳＣＭの学科・コースを設置している。例えばミシガン州立大のDepartment of Supply Chain Management の学生数は、ホームページの記述によると５００人規模に達する。同大だけで、日本全体の物流専攻の学生数を上回る可能性すらある。

　大学院（Post Graduate）レベルの教育も非常に充実している。

　ＳＣＭはＭＢＡ（経営学修士）の学生が専攻する主要領域の一つになっており、ＭＢＡにＳＣＭ専攻を置いている大学は数え切れないほどある。また、理学修士課程としてＳＣＭを置いている大学も多い。ＳＣＭの理学修士課程をMSSCM（Master of Science in Supply Chain Management）というが、図表15は、そのうち主要なものだけを挙げたものである。大学名を見て分かるとおり、ＴＨＥ（タイムズ・ハイヤー・エデュケーション）の世界大学ランキング上位に名を連ねる名門大学が並んでおり、その充実ぶりがうかがえる。

なお図表15で挙げたのは理学専攻だが、この他に工学修士としてＳＣＭの専攻を置いている大学も一定数に上る。

日本の大学はランキングにも登場しない

前述のとおりＳＣＭはＭＢＡの主要領域の一つとなっている。

そのため、ＳＣＭ領域に絞ったＭＢＡランキングも公表されている。図表16で示すのは、著名なＭＢＡランキングのうちの一つ、ＱＳ社（英国クアクアレリ・シモンズ社）によるものである。なお同ランキングには60以上の大学が掲載されているが、図表16はそのうちの上位20大学を抽出したものである。トップのＭＩＴをはじめ、そうそうたる大学が並んでいることが分かるだろう。

図表 16 SCM 領域のMBA ランキング（QS 社による）

1	マサチューセッツ工科大学（MIT）	米国
2	ウィーン経済大学	オーストリア
3	ミシガン大学	米国
4	エラスムス大学	オランダ
5	南カリフォルニア大学	米国
6	トリニティ・カレッジ・ダブリン	アイルランド
7	マンチェスター大学	英国
8	POLIMI 経営大学院	イタリア
9	パデュー大学	米国
10	ワシントン大学	米国
11	クランフィールド大学	英国
12	SKEMAビジネス・スクール	フランス
13	ユニバーシティ・カレッジ・ダブリン	アイルランド
14	フロリダ国際大学	米国
15	香港科技大学	中国（香港）
16	オーデンシア・ビジネス スクール	フランス
17	KFUPMビジネス スクール	サウジアラビア
18	アントワープ大学	ベルギー
19	ミネソタ大学	米国
20	ダラム大学	英国

資料：QS Business Masters Rankings: Supply Chain Management 2022 ランキングの対象はビジネススクール単位だが、ここでは大学名のみ標記した。

図表 17 国別に見たランキング掲載大学数（QS 社による）

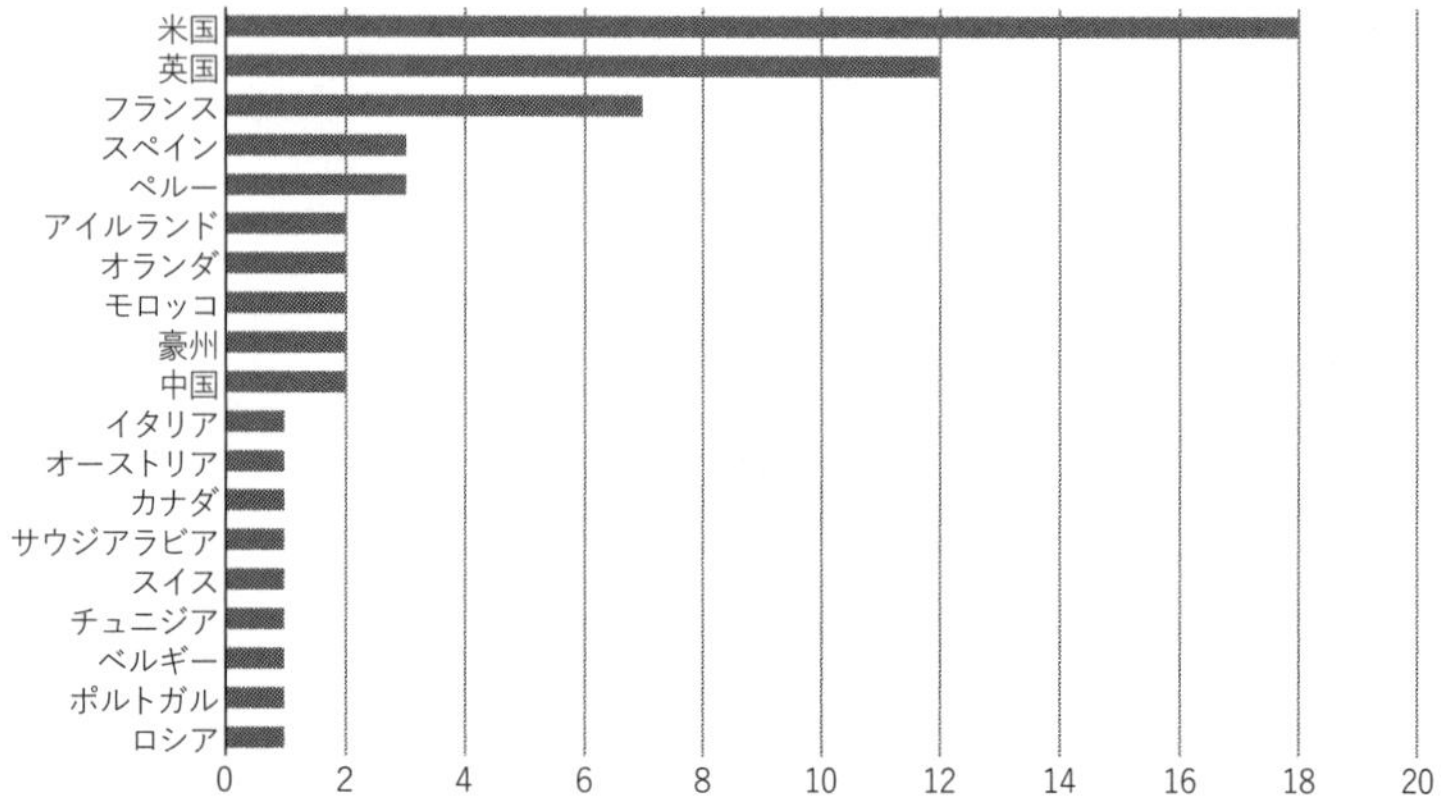

資料：QS Business Masters Rankings: Supply Chain Management 2022 による全 62 大学の集計

図表17は、同じランキングを国別に整理したものである。大学数で見ると当然ながら米国が圧倒的であり、ＳＣＭ分野の著名大学が多い英国がそれに続く。中国はかろうじて２大学がランキング入りしている一方、日本はゼロである。

キャリア形成と学位取得がリンクする米国

このように米国を中心とする諸大学では、物流・ＳＣＭ教育に熱心に取り組んでいる。

その主たる理由は、学位取得がビジネスパーソンのキャリア形成と密

図表 18　米国の SCM 専門家の学位（米国 SCM 専門家団体調査）

Major	Logistics	ー（ロジ以外）
Ph.D	6%	2%
Master	9%	11%
MBA	11%	12%
Undergraduate	20%	19%
College	3%	4%
High School	1%	2%
合計	50%	50%

資料：CSCMP「2014 Carrier Perspecives of Logistics and Supply Chain Management Professionals」をもとに筆者作成

接にリンクしているからである。物流を専門とするビジネスパーソンの多くが物流のＭＢＡ等を取得し、自身のキャリアアップに活用している。ＭＢＡを取得することによって所得が何ドル増えるか、といったデータもある。

　この点に関連してデータを一つ紹介したい。

　米国における代表的なＳＣＭ団体であるCSCMP（ＳＣＭ専門家協議会、Council of Supply Chain Management Professionals）が会員属性について実施した調査データである。前述のとおりCSCMPは荷主企業等の物流専門家が個人資格で参加する団体であることから、大雑把に言えば米国における物流専門人材の傾向を反映している。

図表18はその調査から、会員の持つ学位を整理したものである。

図表の左半分は物流（ロジスティクス）の学位保有者の割合を示すが、物流の学位保有者が全体の50％を占めるという、割合の高さが目を引く（注1）。

ところで、前の項ではＭＢＡやMaster等の大学院（Post Graduate）レベルでの物流・ＳＣＭ教育が隆盛であることを紹介したが、図表18を見ると、学部段階（Undergraduate）で物流の学位を取得するビジネスパーソンが多いことも分かる。ここからは、大学で物流を学んだ学生が、キャリアのスタート時から物流・ＳＣＭを専門分野として選択し、社会人として専門性を深めていることもうかがえるのである。

このような実態は、日本における物流専門人材のキャリア形成とは著しく異なる。これまで見てきたとおり、日本では大学での物流教育はほぼ皆無であり、物流専門人材を新卒で採用する企業も少ない。日本企業では、物流部門の幹部であっても、物流の学位を持っているケースはほとんど無い。

なぜ日本の大学教育では物流が重視されないのか

このように見てくると、日本の大学教育における物流・ＳＣＭ軽視は世界的にみて特異であることが分かるだろう。ではなぜ、日本の大学ではこれほどまでに物流・ＳＣＭが軽視されているのだろうか。

その一つの要因は、企業におけるメンバーシップ型雇用の影響である。前述したとおり、メンバーシップ型雇用ではその性質上、物流のような狭い専門能力に基づく採用は難しい。採用時点で専門的知識・能力が求められないということは、企業が大学での物流専門教育に期待していないと言うに等しい。

国交省が高度物流人材育成について企業のニーズを調べた調査を以前も紹介したが、その調査もそのような企業の傾向を明確に示している。図表19は、企業が学生に求める「物流知識の習得タイミング」を尋ねたものである。「物流専門知識を入社以前に身につけてほしい」と考える企業は皆無に等しいのである。

このような企業における物流教育への期待値の低さが、大学教育における物流軽視を招いていることは明らかである。

図表 19 物流関連知識の習得タイミングの意向（荷主企業に対する調査結果）

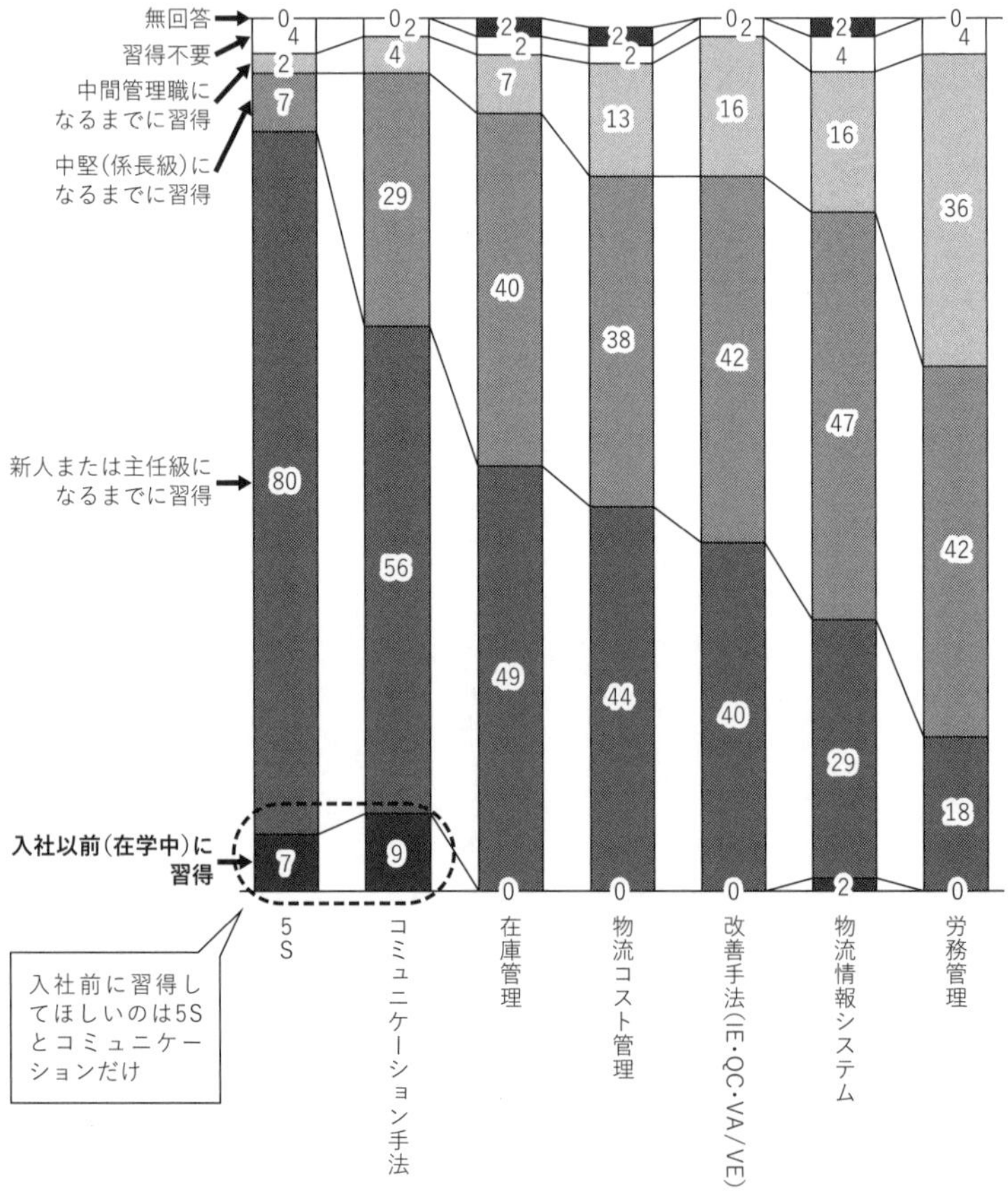

資料：国土交通省国土交通政策研究所「物流分野における高度人材の育成・確保に関する調査研究」
多数の項目うち、主要な項目のみを抽出して作成。

ところで、この図からはもう一点、興味深い事実が分かる。回答を見ると物流専門知識について、「習得不要」とする企業は皆無に等しいということである。大学での教育への期待は低い一方、物流教育の必要性自体を否定している企業はほとんど見られないのである。

これはある意味で当然である。「専門知識ゼロ」で新入社員を物流部門に配属しても、そのままでは使い物にならない。そのため、多くの企業は、研修会社のサービス等を利用し、会社負担で物流の専門教育を行っている。

このような教育実態は、筆者から見ると問題を抱えているように映る。本来は大学で対応できる教育に企業がコストを掛けるのは非効率である。大学生としても、貴重な時間をモラトリアムとして空費することになりかねない。

以上見てきたとおり、物流専門人材の育成は大学・企業ともに大きな課題を抱えている。そして物流における人材育成の機能不全は、ひいては企業における物流問題の解決を難しくさせ、結果として物流の地位低下を招く恐れもある。

注１：日本では物流とロジスティクスを異なる用語として使い分けているが、英訳する

とどちらもLogisticsであり、英語圏では両者の使い分けが明確でないことに留意が必要。また、専攻の名称が、「ＳＣＭ」でなく「ロジスティクス」であるのは調査年次が２０１４年と若干古いためで、当時はロジスティクスの名称を冠する専攻が多かったことによる。

第3章

物流・SCM軽視によって何が生じているか

これまで日本企業、および日本社会における物流・ＳＣＭ軽視の実態を見てきた。このような企業の姿勢がもたらすのは、物流の非効率であり、その結果生じる混乱である。昨今の物流危機はその現れに過ぎないと見ることもできる。

本章では、そのような物流軽視の思想が生み出している非効率な物流実態を見ていくこととしたい。しかしその前に、物流軽視が実際に物流の問題を引き起こすメカニズムについて解き明かしておく。

３―１　物流・ＳＣＭ軽視が問題を引き起こすメカニズム　～部分最適・サイロ化・構造的空隙

効率的な物流・ＳＣＭには「全体最適」が欠かせない

物流とＳＣＭはいずれも、組織横断的な性質を持つ。

物流の管理対象は文字通り「モノの流れ」だが、物流の対象となる「モノ」、即ち製品や原材料等は、企業の中の様々な部門を経由する。調達部門が発注した原材料や部品は生産部門（工場）に納入される。工場での生産工程を終えた製品は、物流部門が管轄する倉庫で保管され、販売部門の指示を受けて顧客に出荷される。

このように複雑な「モノの流れ」がスムーズに機能するためには、各部門が組織の垣根を越えて、密に連携することが必要である。部門間の連携不足から、どこか1カ所でも流れが停滞すると、全体が機能停止してしまう。これが物流の性質である。

つまり、スムーズな物流のためには、各部門が協調することが必要なのである。それぞれの部門が自分の都合や利益ばかりを優先すると、物流は非効率化してしまう。

これを販売部門と物流部門との関係で説明するなら、例えば以下のようなケースが代表的である。

現在の国際会計基準では、売れた製品は顧客に届かないと売上計上ができない(これを売上計上の着荷基準と呼ぶ)。よって、販売部門は売れた製品はすぐに配送してもらいたいと考える。ところが問題は、営業目標達成に追われる期末には、急に荷物が増えてもトラックが確保できないということである。特に12月末は年末休暇と重なり、トラックが逼迫する傾向が強い。

そのような状況でも、物流部門は立場が弱いため、唯々《いい》諾々《だくだく》と販売部門の要求を受け入れるしかない。そのため急な出荷指示にも対応せざるを得ず、利益を度外視してトラックを確保するしかない。これはコスト増大を招き、ドライバーの

図表 20　物流・SCM に求められる全体最適化

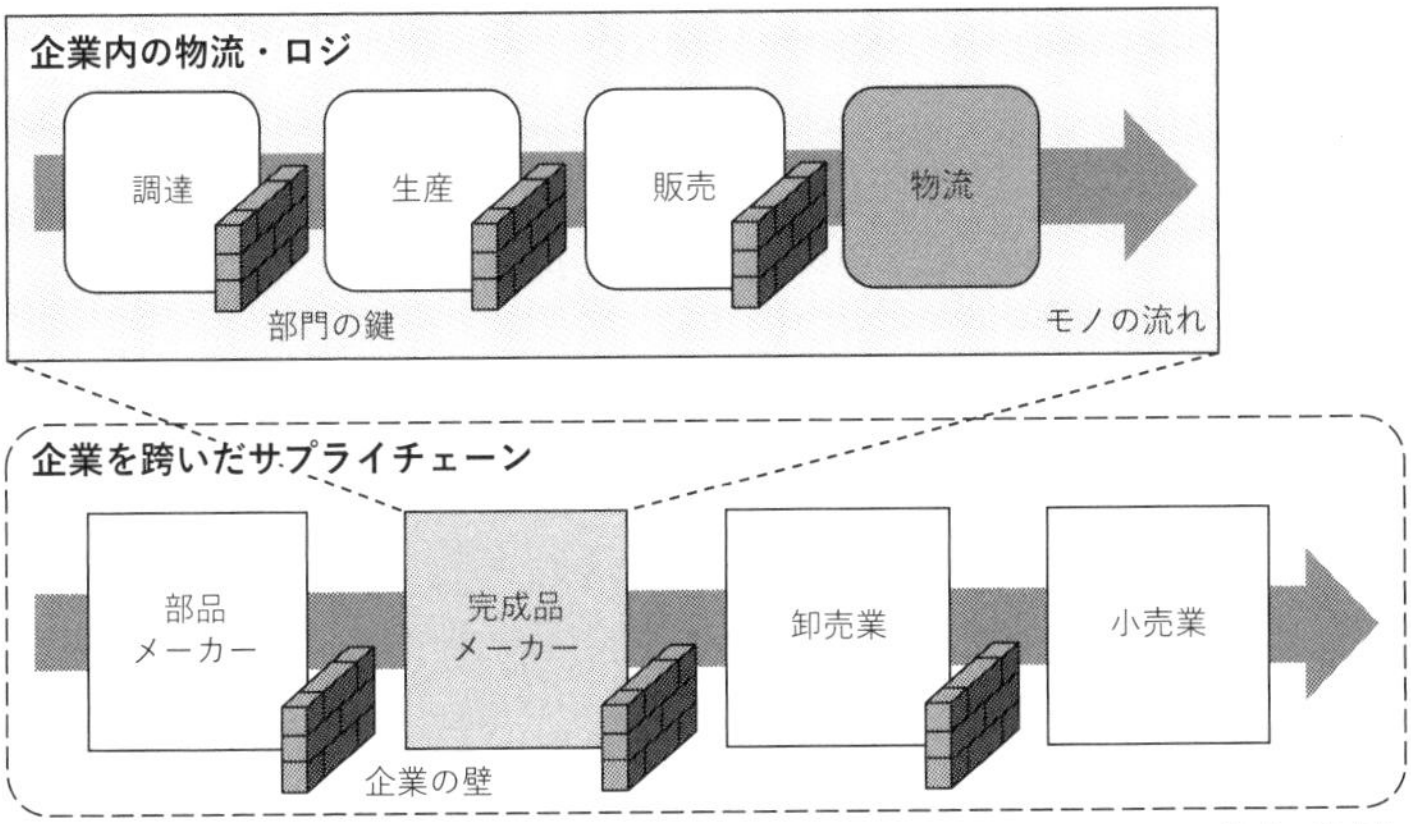

資料：筆者作成

労働負荷増大にもつながる――。

この例から分かるように、部門間の利害調整の欠如は、物流の非効率を招くことになる。逆に言えば、物流効率化のためには、各部門の利害を越えた「全体最適化」の精神が必要だということである。

これと全く同じことがＳＣＭについても言える。

現代のサプライチェーンは、国境を越えて拡張を続けている。その「チェーン」に連なる企業の数は膨大なものになる。自動車産業のように、１台の車の組み立てに数万点の部品が必要という産業もある。このように複雑なチェーンに連なる企業が、それぞれの利益を追求してバラバラに活動してしまうと、サプライチェーンは大混乱に陥る。複雑なサプライチェーンを滞りなく機能させるためには、個々の企業の利害を離れた、全体最適の追求が必要である。

ＳＣＭにおけるこのような全体最適化の必要性は物流の場合と同様だが、敢えて言えば、その実現はＳＣＭのほうがはるかに難しい。

というのも、物流部門と他部門との関係では、部門が異なるとはいえ同一企業であり、その基本的な利害は共通する。従って部門間調整の難易度は低い。一方、ＳＣＭでは異なる企業間での調整が必要である。そこではゼロ・サムの利害対立が生じうるから、全体最適の実現は容易ではないのである。

ＳＣＭでは、売り手（ベンダー）と買い手（バイヤー）との力関係の問題も影響する。いわゆる「バイイング・パワー」を持った買い手は取引上、優位であることが多いが、立場の強いバイヤーが自分の都合の良い条件を一方的に押しつけると、サプライチェーンの効率は損なわれてしまう。

このようなことからも、サプライチェーン全体の利益最大化には、全体最適の思想が欠かせないのである。

図表 21　専門特化によるサイロ化と物流との相克

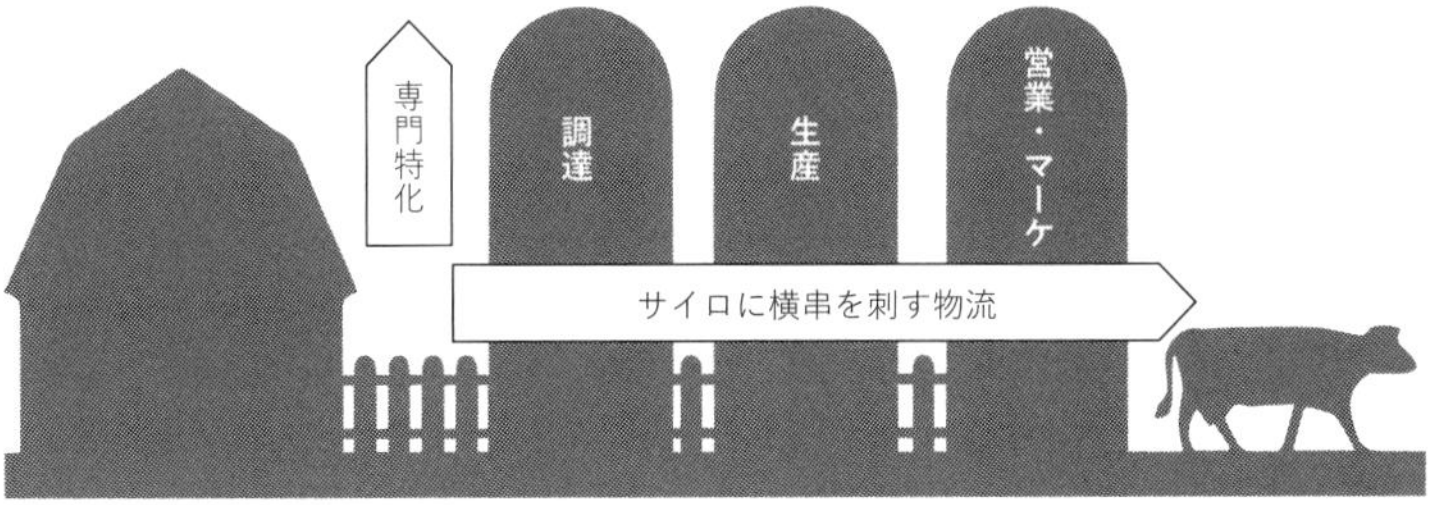

資料：TribaliumArt/PIXTAを元にサプライチェーン・ロジスティクス研究所にて加工作成

「サイロ化」は現代企業の経営課題

　さて、このように組織横断的であり、原理的に「横串志向」とも言える性質を持つのが物流・ＳＣＭである。そのため、物流・ＳＣＭの効率化には組織論的な課題が付きまとう。前項で述べたような企業間の「利害対立」もそのような課題の一つだが、もう一つは英国のジャーナリスト、ジリアン・テットが『サイロ・エフェクト　高度専門化社会の罠』（土方奈美翻訳、文芸春秋　２０１９）で指摘したことで広く知られるようになった、各組織の専門化の問題である。

　現代の企業組織は高度な専門化が進んでいる。企業競争力を高めるには、専門化を推し進めなければならないのが現代のビジネス環境である。このような専門化は、組織ごとの分断・縦割りを加速する方向で働く。

組織の殻に閉じこもった閉鎖的な組織のことを日本では「タコツボ」と呼ぶが、専門集団等がそれぞれ専門分野を築いて孤立化していく現象が「サイロ化」である。どちらも組織・専門への強い帰属意識に起因する「縦割り志向」による問題であり、「縦割り」は何も日本企業の専売特許ではないということである。

さて、このような「サイロ化」は、組織の分断を招き、物流・ＳＣＭの効率を損なうことが想像できるだろう。そこで以下では「サイロ化」をキーワードとして、その問題点を整理していきたい。

なお、用語について少し補足しておきたい。企業内部の専門分化が進むことで、縦割りが生じるといった「サイロ化」という現象は、ベンダーとバイヤーの間で生じるような、企業間の利害対立による縦割り問題とは、性質がかなり異なる。正確を期すためには両者を使い分けることが必要だが、両者の境は曖昧であり、逆に混乱してしまう恐れもある。そのため以降では企業内・企業間の様々な縦割り・分断の問題を区別することなく、「サイロ化」という言葉で説明することとする。

「構造的空隙」の研究からの示唆

サイロ化が物流・SCMの効率を損なうメカニズムを理解するうえで、最初に紹介しておきたいのが、「構造的空隙《くうげき》」という概念である。

構造的空隙（structural hole）とは、著名な社会学者であるロナルド・スチュアート・バートの提唱した概念である。人間関係のネットワークは網目状に広がるが、その関係性は一様ではない。個人同士がブドウの房のような集まり（クラスター）を形成したり、そのクラスター同士が上位のネットワークを形成したりする。構造的空隙とはこのようにして生じる、ネットワーク同士が重複しないスキマ＝空隙である。

人間のネットワークはグループ化しがちである。例えば野球好きのグループ、サッカー好きのグループなど、それぞれ閉じたグループを形成する。そして趣味の異なるグループ同士は没交渉になる。人間関係をネットワーク図に整理してみると、グループ同士にスキマが生じることになる――。

構造的空隙の概念を、ごく分かりやすく説明すれば、概ねこういうことであろう。

このような構造的空隙を題材としたバートの代表的研究の一つが、企業のサプ

図表22　構造的空隙を超えるネットワークを持つAさんと、そうでないBさん

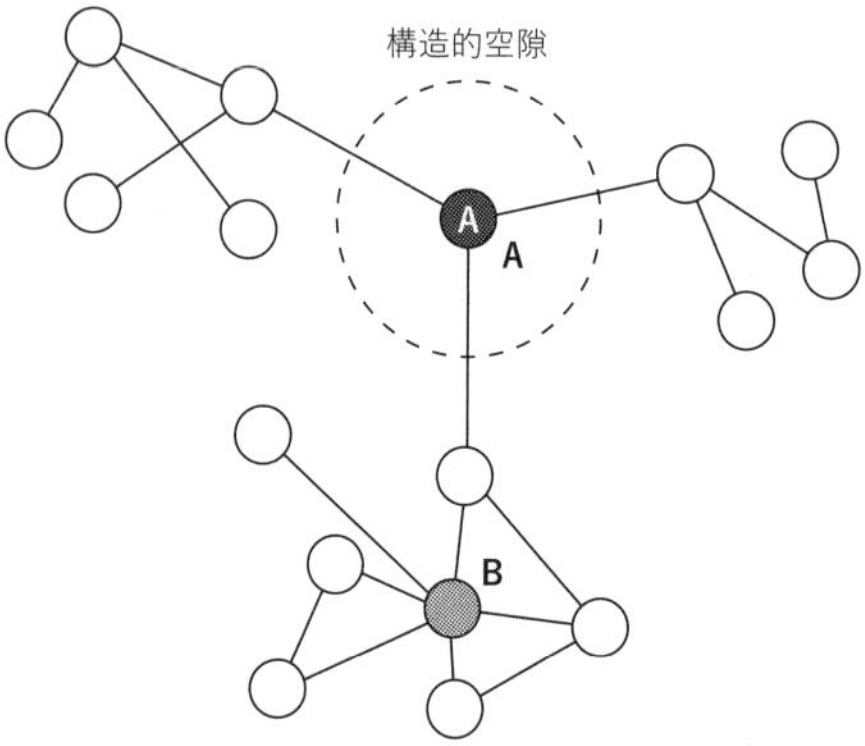

資料：筆者作成

ライチェーン改革をテーマとしたものである（注1）。

研究の対象は、米国の大手電子機器メーカーに所属する多数のサプライチェーン・マネージャーである。各マネージャーから、お互いの人的ネットワークに関する情報を集める。そのうえで、各マネージャーにサプライチェーン改善策のアイデアを提出させ、この改善アイデアの良し悪しを客観的に評価しておく。

以上の作業を行ったうえで、改善策の評価とマネージャーの人間関係ネットワークとの関係性を調べたところ、価値のあるアイデアを生み出したマネージャーは、「構造的空隙」

を超えるような人間関係ネットワークを有するという傾向があったというのである。また、そのようなネットワークを持つマネージャーは、業績評価や報酬も高くなる傾向があったという。

文章だけでは分かりにくいため、図表22をもとに説明したい。この例では、Ｂさんは多くの人とつながっており、人脈が非常に豊富だ。しかしよく見ると、付き合う相手はネットワーク的に閉じており、先ほどの例で言えば野球好きばかりである。一方のＡさんはＢさんほどの人脈はない。しかし野球好きともサッカー好きともつながっている。言い換えると構造的空隙を超えた人脈を持っている。

この両者を比べてみて、どちらが価値あるアイデアを生み出せるのかというと、構造的空隙を超えたネットワークを持つＡさんだ、ということである。なお、以上は非常に単純化した説明であり、人脈だけでは成果につながらない可能性なども指摘されている。詳しくは当該論文を参照いただければ幸いである。

物流・ＳＣＭ軽視がもたらす「サイロ化」

バートは物流やＳＣＭの研究者ではないため、サプライチェーンを研究対象としたのは偶然かもしれないが、本人の意図はともかく、この研究は物流・ＳＣＭ効率化のメカニズムを非常によく説明しているように思える。

物流・ＳＣＭは組織横断的な最適化が欠かせないが、人間同士のネットワークはサイロ化しがちであり、構造的空隙が生まれてしまう。そしてそのような現状を打破するには、サイロ間の構造的空隙を超えるような連携を意図的に作り出す必要がある。

ここで、仮に会社全体が物流・ＳＣＭを軽視していたとしたらどうなるだろうか。Ａさんは物流・ＳＣＭを効率化するアイデアを生み出すことができるが、物流・ＳＣＭ軽視の企業ではその能力は社内では評価されないだろう。バートが研究対象とした企業では業績評価も給与も高かったが、物流軽視の企業では、そのアイデアが評価されることもないだろう。つまり、物流・ＳＣＭを軽視する傾向があると、社内外の脱サイロ化が阻まれてしまうのである。

このように物流・ＳＣＭ軽視は、サイロ化を促進するメカニズムとリンクしている。物流・ＳＣＭ軽視が実際に物流の非効率等の弊害を生じる場面では、サイロ化、あるいは組織間の分断を直接の原因として表面化することになるのである。

では具体的に、どのようなサイロ化の問題が生じているのか。次項から詳しくみていこう。

注１：Ronald S. Burt, Social Origin of Ideas, 2002

参考：ポール・レオナルディ他『社員の関係性を可視化するピープルアナリティクスで人事戦略が変わる』ＤＩＡＭＯＮＤ ハーバード・ビジネスレビュー　June　2019（ダイヤモンド社）

3―2 物流・SCM軽視の弊害①
――組織分断によるサイロ化が招く輸送の非効率

前項のような組織分断によるサイロ化が、日本の物流・SCMにどのような弊害をもたらしているのか。現場で生じている問題は幅広いが、ここでは特に重要なテーマを3つ取り上げる。

最初に本項で輸送の非効率の問題を「長時間待機」を例に紹介する。その後、在庫の増大、物流品質過剰という問題を取り上げる。最初に結論を述べると、いずれの問題も、物流軽視に起因する「サイロ化」と密接不可分であるという点がポイントである。

図表 23　荷待ち待機の有無による拘束時間の違い

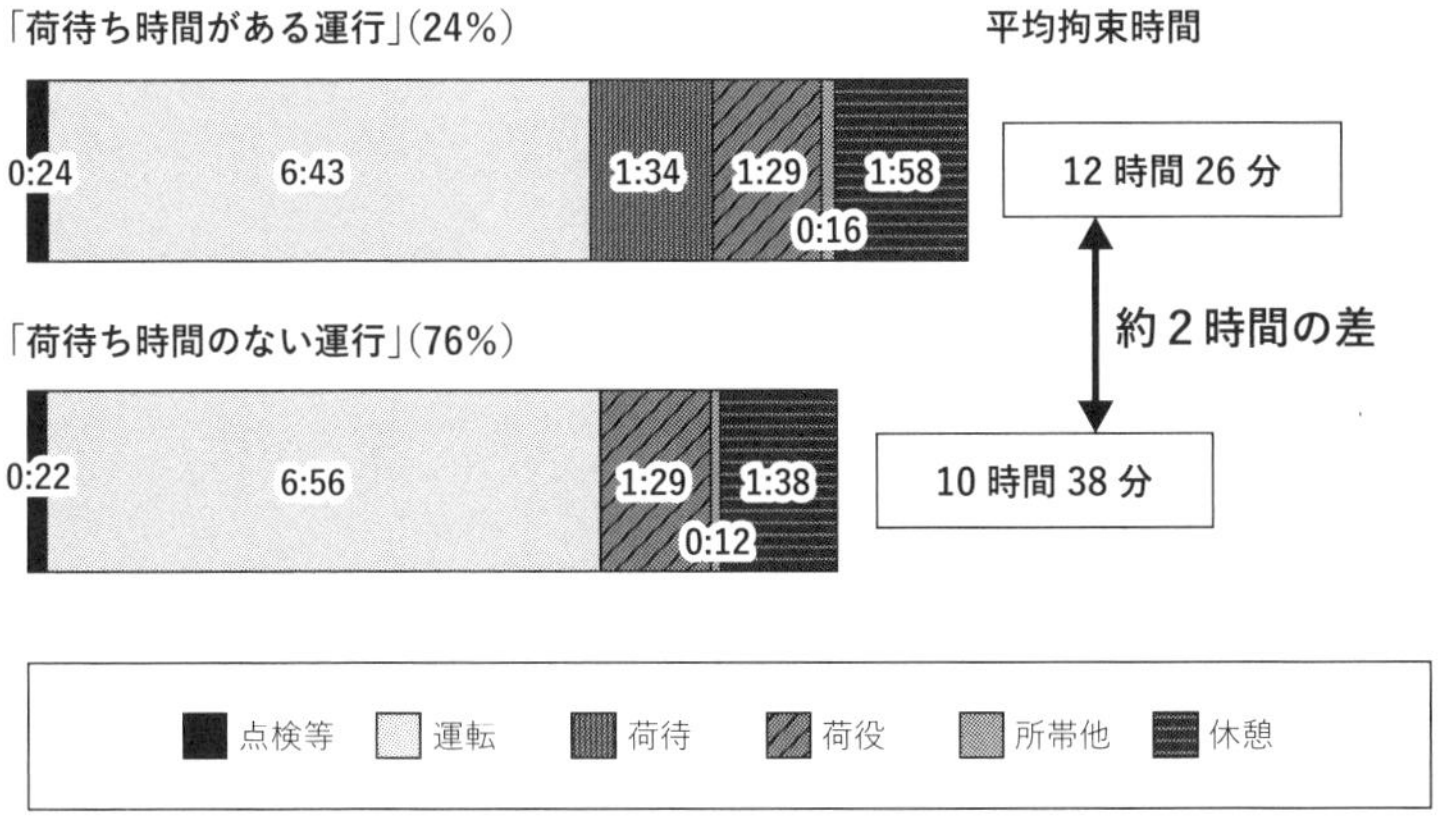

資料：厚生労働省・国土交通省「トラック輸送状況の実態調査(2020年)」

物流危機を深刻化させる トラックの長時間待機問題

「分断」による物流の非効率は様々なところで観察できるが、トラックの待機問題もその一つである。

　トラックドライバーは著しい長時間労働で知られる。長距離輸送などでは、一日13時間を超えるような長時間拘束が常態化しており、ワークライフバランスどころか、睡眠時間の確保もままならない。このような勤務実態では若者を集めるのは土台無理であり、これがドライバー不足を招いていることは明白である。

　さて、このような長時間労働の要

因は何かというと、納品先等での待機がその筆頭に挙げられる。

日本の物流センターは狭隘《きょうあい》で、バースの数が十分でない。最近の人手不足により、フォークリフト担当者も不足傾向にある。このような要因から、荷卸しまで長時間待たされることが少なくない。待機実態を調べた厚労省等の調査によると、待機の平均時間は1時間30分程度に上る（図表23）。待機がある場合と無い場合を比較すると、拘束時間の差は1時間50分ほどになる。このように、待機が長時間労働の原因となっていることは明白である。

待機はトラック会社にとっても重大な問題である。長時間労働を強いられるドライバーが集まらないのはもちろんだが、残業手当によるコスト増大も大きな負担だ。そのためトラック会社は、待機を無くすよう、荷主に改善を求めることになるが、この改善要請がスムーズに進まない。なぜかと言えば、これまで述べてきたような組織間での「分断」がボトルネックになるからである。

待機改善を要請する流れを想像していただきたいのだが、待機を発生させる納品先（これを「着荷主《ちゃくにぬし》」という）と運送会社とは、直接の契約関係が存在しない（図表24）。運送会社は契約関係にある出荷元（発荷主《はつにぬし》）を介して改善を要請するしかない。一方、運送会社の担当窓口は「物流担当」だが、着荷主と交渉する窓

図表24　待機問題－運送会社が着荷主に直接改善要請できない構図

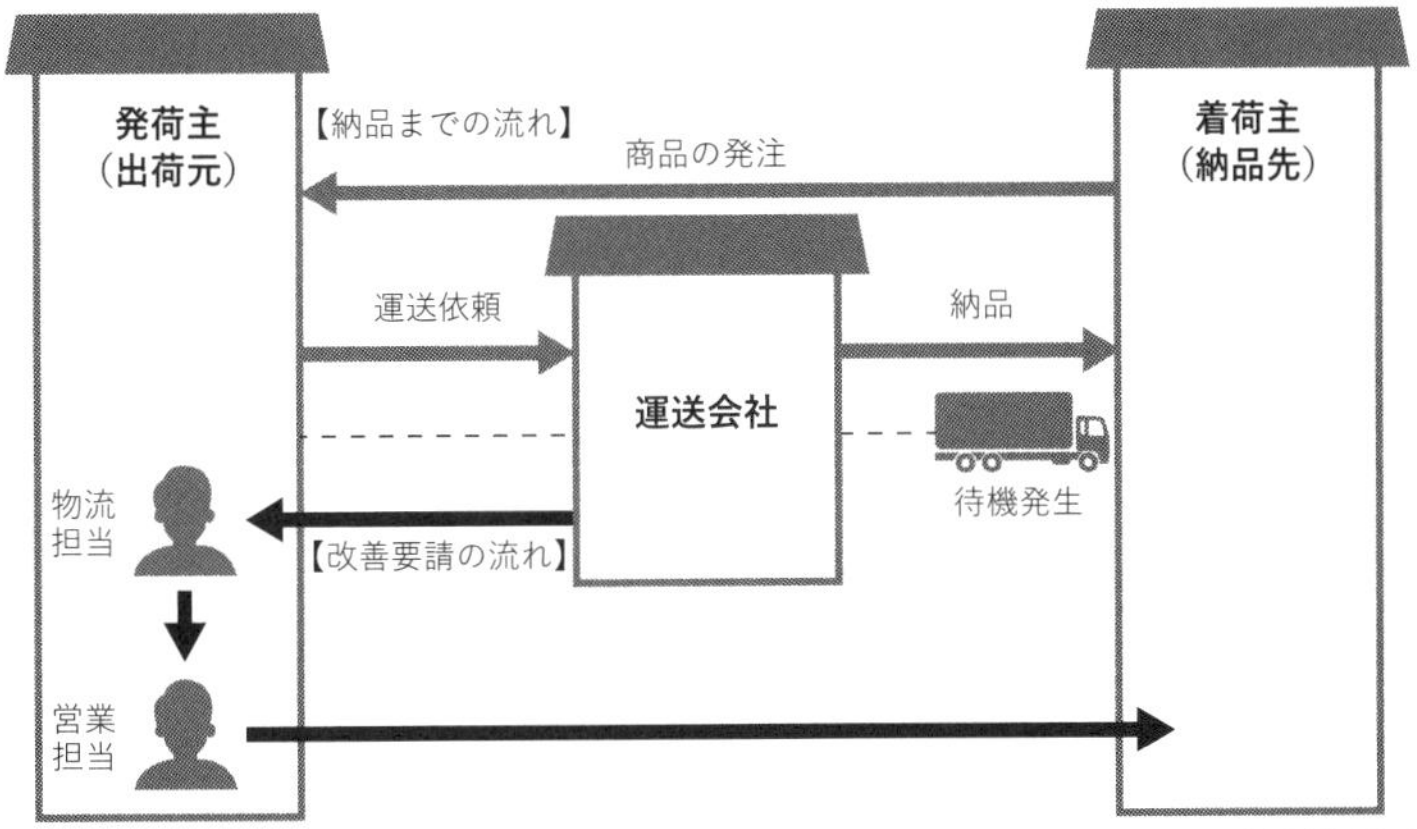

資料：筆者作成

口は「営業担当」である。よって、**運送会社⇒発荷主の物流担当⇒発荷主の営業担当⇒着荷主**

　というように、複数の関係者を介して改善要望を伝えることになる。ここで立ちはだかるのが、組織の壁である。

組織の壁で阻まれ届かない改善要請

　組織を跨いだ改善の取り組みは、組織の壁がボトルネックになることが多い。まず、複雑な「伝言ゲーム」をクリアしなければ、関係者間で問題意識を共有することが難しい。問

図表25　手待ち時間の改善実施状況

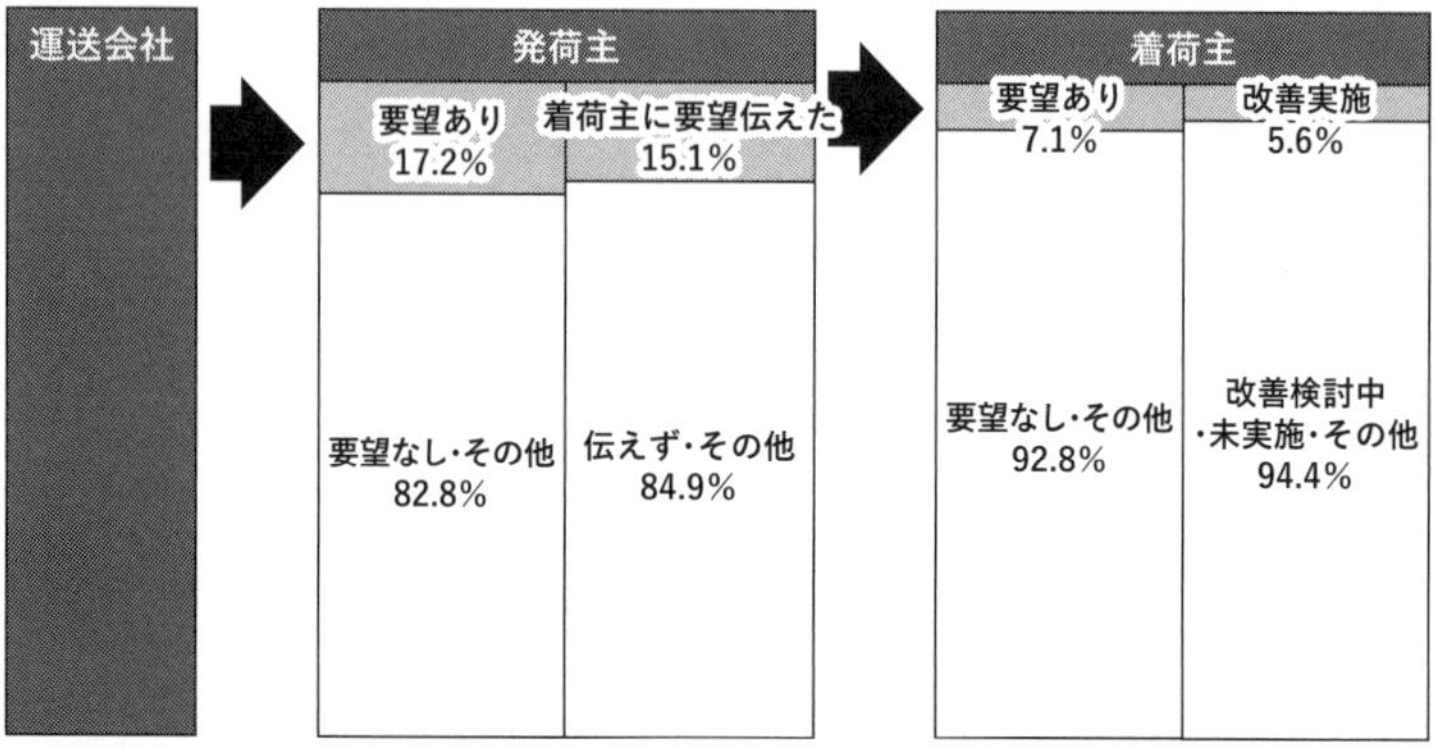

資料：中部運輸局「物流現場における課題と改善点の見える化事業報告書」平成28年2月を参考に筆者作成
なお、図表作成にあたって、選択肢の一部表現を簡素化、変更している。また、発荷主と着荷主とは独立した母集団であり、取引関係にある企業同士を調査したものではない

題意識が理解されたとしても、改善のメリットを享受する組織がある一方、割を食う組織もある。そのため組織間の利害対立が生じ得る。

このような構造は待機問題でも同様である。待機の改善要望は、運送会社⇒発荷主の物流担当⇒発荷主の営業担当⇒着荷主というルートで進めていくわけだが、組織の壁に阻まれて改善が進んでいないのが実態である。

その一端をうかがえるのが、図表25に整理した調査結果である。

この調査では、発荷主と着荷主を対象に「待機改善の要望があったか」、「要望を伝えたか」、「改善を実施したか」などが調査されており、待機改善のボトルネック要因が可視化されている。

図表25から明らかになるのは、改善要望が伝わっていないということである。発荷主の17・２％は「改善要望があった」と回答しているが、そのうち「着荷主に要望を伝えた」企業は15・１％に留まる。さらに、発荷主が改善要望をきちんと伝えても、着荷主には届いていない。着荷主のうち「要望があった」と答えているのは７・１％に過ぎないのである。「要望があった」と回答した着荷主（７・１％）のうちの多くは改善を実施している（５・６％）ことを踏まえると、そもそも、要望そのものが伝わっていないことが、改善のボトルネックになっている可能性が高い。

このように、組織の壁が待機問題の解決を阻んでいることがうかがわれるのである。

物流がブラックボックス化する日本企業と、対照的なグローバル企業

優れた物流システムは全体最適化によって実現されるということは、逆に言えば組織で分断された状態では物流効率化は不可能ということでもある。待機の問題はその一つの現れに過ぎない。

しかし不思議なのは、このような非効率が、なぜ放置されているのか?ということである。

長時間待機による物流コスト増加は、回り回って発荷主、着荷主にも跳ね返ってくるはずである。着荷主が待機改善に積極的でないというのは、言うなれば天に唾を吐くようなものであり、合理的ではない。

そのような謎を理解するうえで重要なポイントが、物流の包括外部委託という問題である。

荷主が物流をノン・コアと位置づけて、外部委託を進めてきたことは、これまでも述べてきたとおりだが、特に重要なのは、専門小売チェーンなど着荷主において特に、包括外部委託の傾向が強いということである。

そしてこのような包括委託が進んだ結果、何が起きるかというと、物流のブラックボックス化である。これは前述のユニクロの例でも指摘されていたとおりである。現場の運営を委託先に任せ切りにしてしまうと、荷主は待機を含めた非効率の実態が分からなくなる。これに加えて、待機のような問題解決をするにも、委託先頼りになってしまう。

もちろん、外部委託先をきちんと管理できている着荷主もあるが、そうでない場合には、物流がブラックボックス化してしまい、非効率が温存されてしまう傾向を否定できない。そして、ひいては自社の競争優位が脅かされることになる。

一般的にグローバル流通業の多くは物流管理を生命線であると考えており、他社任せにしている企業を見つけるのは難しいが、その背景には、ここで述べたような問題意識があるのである。

ウォルマート、コストコやアマゾンなどが自社管理下で高度な物流システムを構築しているのは、逆に言えば、分断された非効率な物流では、これら企業の巨大な流通網を支えるのは不可能だということでもある。

米国ウォルマートが大手運送会社に匹敵するほどの車両・ドライバーを抱えていることは以前にも紹介したが、これも同社が独自の輸送システムを構築していることの一環である。

米国のトラック輸送はトレーラー中心であり、ウォルマートのトラックも例外ではない。ただし、ウォルマートが特徴的であるのは、トレーラーのトラクター（牽引車）1台に対し、約10台のシャーシ（被牽引車）を確保しているという点である。

このようにシャーシを過剰に保有している理由は、実は待機問題とも関係している。

トラックドライバーは荷物の積んであるシャーシを牽引し、目的地に向かう。目的地に着いたドライバーは、シャーシをすぐにトラクターヘッドから切り離して、別の荷主へと向かう。このようにトラクターとシャーシとを分離運用することで、待機の無い効率的な運行を行う形態を「ドロップ＆フック方式」という（図表26）。これが同社が多数のシャーシを抱えている理由である。

もちろん、このようなグローバル企業の個々の物流戦略が日本で有効かどうかは、ケースバイケースである（実際、ウォルマートが日本国内で同じことはできないだろう）。ただし、待機削減を含め、効率的な物流システムを構築すること

図表 26　待機を無くす輸送方式の一例が、ドロップ&フック方式

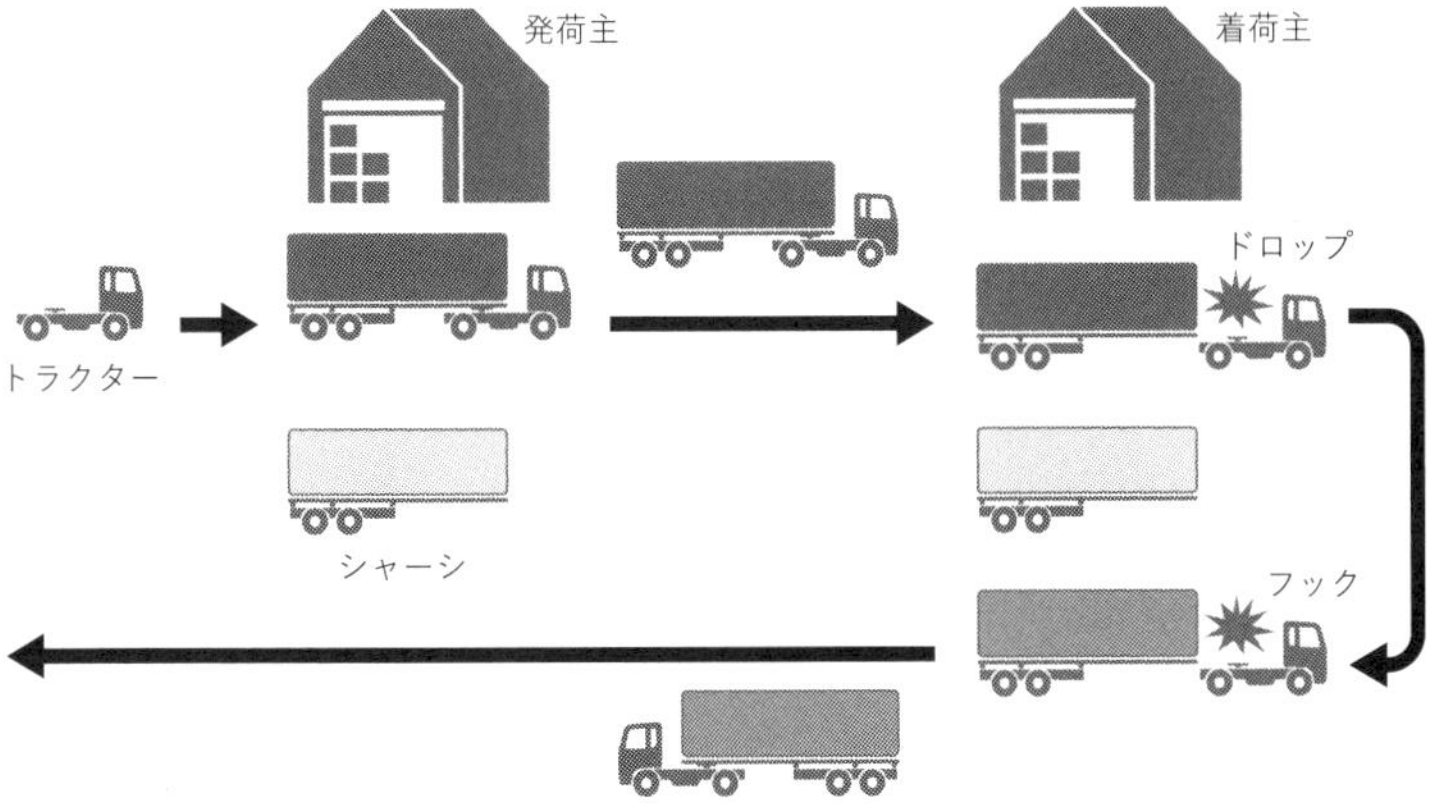

資料:筆者作成

が企業の競争優位につながるという認識から、各社が工夫を重ねている事実も重要である。

3―3 物流・SCM軽視の弊害②
――サイロ化が生む在庫の非効率

物流非効率の一例として、前項では輸送における待機問題を取り上げたが、ここでは輸送と並んで重要な物流機能である在庫保有について見ていきたい。組織間の分断は物流の各領域に非効率をもたらすが、その一つが在庫保有への影響である。

言うまでもないが、過剰な在庫は企業経営の敵である。

在庫はバランスシート（B／S）上、流動資産に計上されるが、資産の膨張はROAなど資産効率指標の悪化を招く。また、売れ残った過剰在庫が不良化すると、棚卸評価損等として損失計上され、損益計算書（P／L）も毀損する。マクロ経済的に見ても在庫は好・不況の景気循環サイクルを生む要因であり、在庫コントロールは国民経済的観点からも重要である。

図表 27　国内企業の在庫水準の推移。特に卸売業は、オイルショックを超える歴史上最高レベルの在庫日数に。

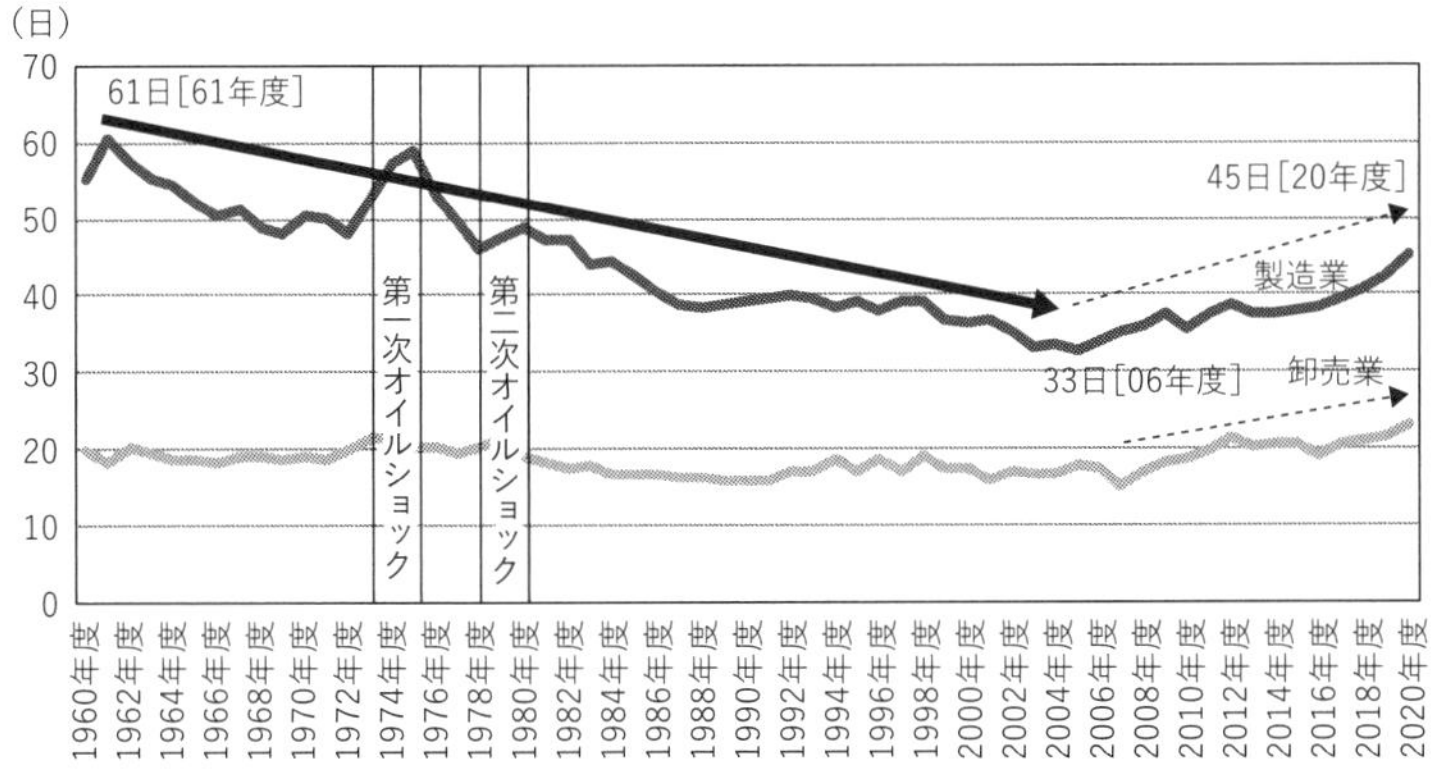

資料：財務省「法人企業統計」を元に筆者作成。なお、対象とする「在庫」は、製品・商品、仕掛品、原材料・貯蔵品。在庫日数の算定には売上原価ではなく売上高を利用している。

デジタル化によって減少してきた在庫

企業の在庫水準は長期的に削減が進んでいる。

図表27は、製造業と卸売業における在庫日数の推移を表したものである。なお、在庫日数とは「売上高何日分の在庫があるか」を示す指標であり、在庫日数が多いほど多くの在庫を抱えていることを示す。

この図から分かるように、２０００年代前半までの時期は、２回のオイルショック期を例外として、劇的に在庫削減が進んでいる。製造業の在庫日数は、１９６１年度に61

日であったが２００６年度には33日へと減少している。要するに２ケ月分の在庫が１ケ月分で済むようになったということであり、その経営上のインパクトは大きい。

デジタル化によって進んだ在庫削減

　では、なぜこのように在庫削減が進んだのだろうか。よく指摘される要因は、①デジタル化、②交通インフラ整備、③在庫拠点の統合化、の３つである。

　まず、①のデジタル化の効果について説明する。

　在庫の主要な機能は、「需要と供給とのギャップを埋めること」である。在庫はサプライチェーン上の予期せざる需給変動に対するバッファとしての役割を担う。極論だが、需要見通しが１００％確実なビジネスがあるとするなら、在庫は無くても良い。このようなビジネスは受注生産と同じであり、欠品や売れ残りが生じるリスクがないからである（注１）。よって、需要と供給の見通しが不確かであればあるほど、必要な在庫は増えることになる（注２）。

　このような需給の見通しの不確かさを減らす手段が、デジタル化による情報共有である。

在庫削減に効果を上げるデジタル化ツールの一例は、ＰＯＳシステムである。ＰＯＳシステムによって小売業はリアルタイムに販売実績情報を把握できる。これは小売業のセンターにおける在庫補充の計画性向上につながるだけでなく、川上のメーカーに共有され、生産の計画性も向上する。

以上のとおり、デジタル化による製配販の情報共有化が進み、需要予測の「不確かさ」が減ったことが、この間、在庫削減が進んだ主要因だと考えられるのである。

１９９０年代に持て囃《はや》された「ニューエコノミー論」は、このようなデジタル化によって在庫削減が極限まで進み、在庫に起因する景気循環波動が消滅するといった議論だが、これもこの間の在庫削減のトレンドがあったが故の議論であったと言えるだろう。

交通インフラ整備やデジタル化の流れに反して増加する在庫

デジタル化はコンピュータの導入が進んだ80年代以降に在庫削減に大きく寄与

したと考えられるが、在庫削減のトレンドはそれ以前から始まっている。このトレンドを説明するうえでは、交通インフラ整備と、それによる在庫拠点の統合化効果も重要である。

交通インフラのうち在庫面で特に影響が大きいのは、高速道路網が全国津々浦々まで整備されたことである。高速道路網によって輸送のリードタイムが大きく削減されたことで、在庫拠点の集約化が可能になったのである。例えば、四国各県に翌日配送を実現するには、以前は域内に在庫拠点を置くことが必須だったが、本四架橋によって関西の在庫拠点から配送することが可能になった、という具合である。

この場合に四国に保管していた在庫が不要になるように、拠点を統合することで、在庫削減が進む。これが交通網整備による在庫減少メカニズムである。

ところで、このような流れを踏まえると、昨今のデジタル化や交通インフラの充実によって、在庫はさらに減少して当然だと思えるだろう。

ところが意外なことに、２０００年代後半からは在庫は減少していないどころか、むしろ増加傾向にある。ピーク時に33日まで減少した在庫日数は、２０２０年には45日へと、ほぼ１・５倍に増加しているのである。

この原因については様々な議論がある。例えば日経新聞のある記事では、「コロナ禍に伴うサプライチェーン混乱への対応」を挙げている。とはいえ、在庫増加のトレンドはコロナ禍はもちろんのこと、東日本大震災よりも前から続いており、本当の理由は定かではない。

消費財流通における物流の多段階性

在庫が増えている理由は、今のところはっきりしないのだが、一方、「在庫が減らなくなった理由」ということであれば、少なくとも一つは挙げることができる。流通・物流の「多段階性」と、流通の構成主体間での在庫の「分断」の問題である。

日本の流通は諸外国（特に欧米諸国）と比べて「多段階」であることが知られている（注3）。これは、日本の流通では、在庫拠点が、製造業⇒卸売業⇒小売業といったサプライチェーンの主体ごとに細かく分かれているということを意味するため、当然、在庫保有上も不利である。

図表28の左に示したのは、消費財流通の代表的な物流経路である。

図表 28 消費者にモノが届くまでにいくつもの拠点を経由する日本の流通

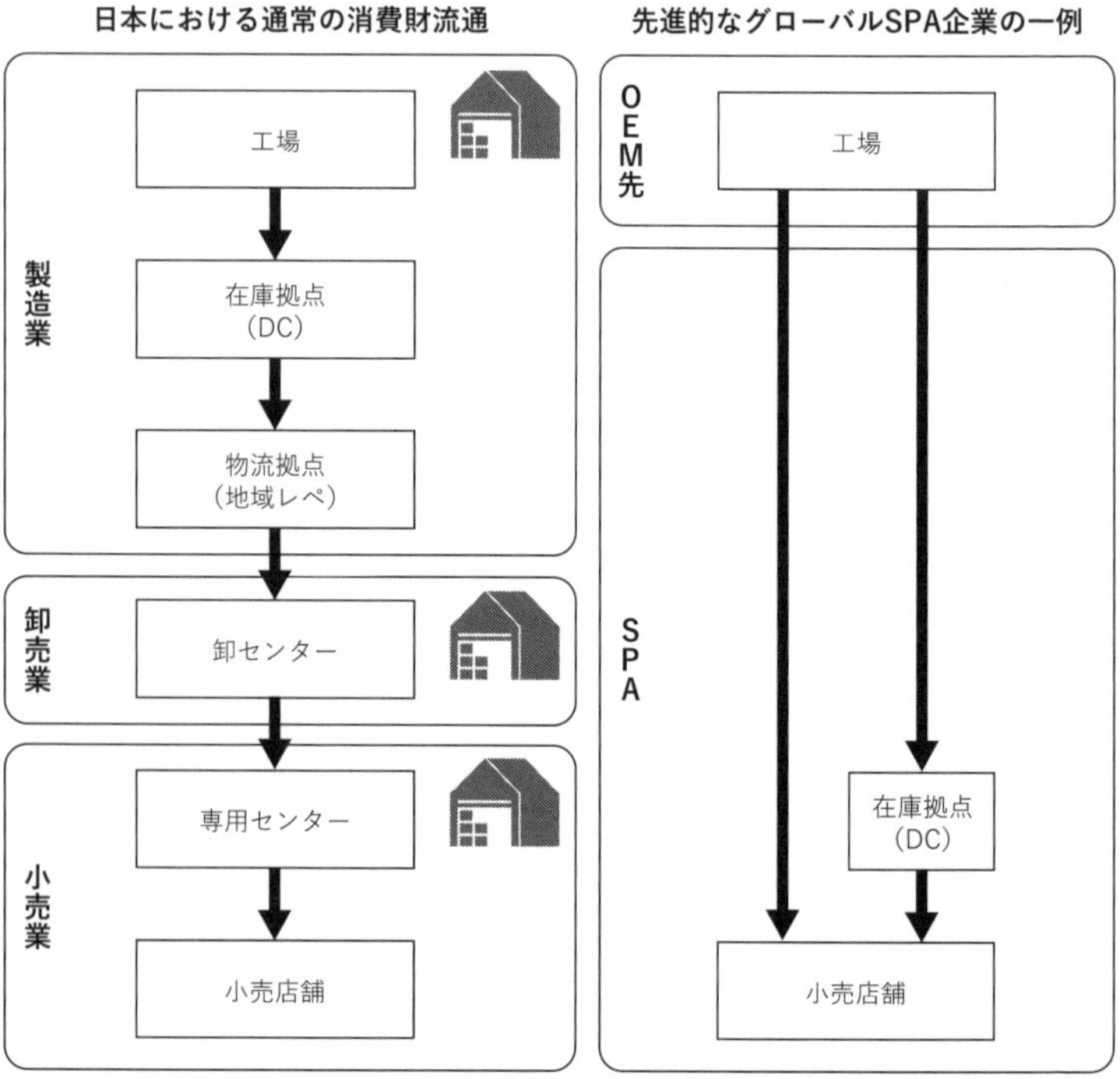

資料：筆者作成

　このように細かく分かれた物流拠点をバラバラに運営するのは、少なくとも在庫保有上はマイナスである。分断されたサプライチェーンで生じるのは在庫保有の問題だけでない。各組織間の壁を取り払って最適化を実現することは難しい。

　問題は、この流通の多段階性が２０００年頃までは改善する傾向にあったのだが、最近のデータでは悪化の兆候が見られる——言い換えれば、むしろ多段階化が進んでいる——ということである（注３、注４）。

　余談だが、このような流通の対極に位置するのが、同図右に示したグローバルＳＰＡ企業（製造小売業）の流通である。ここではその典型例として家具ＳＰＡのＩＫＥＡの例を示す。やや古いデータだが同社では約40％の製品を海上コンテナで店舗直送しているという。その他の低回転商品もごく少数の倉庫（欧州域内では2カ所）に集約して保管している（注５）。

　家具業界のほか、アパレル業界でもＳＰＡが競争優位性を発揮していることが広く知られているが、その要因の一つが「在庫」である。ストックポイントを必要最小限とすることで、サプライチェーン上の在庫リスクを減らしているのである。

ミクロレベルの合理性が全体最適を損なう

このように多段階な日本の流通・物流だが、やっかいなのは、そこにミクロレベルの合理性があるということである。

特定の企業が、自社の都合を一方的に他社に押しつけた結果、非効率が生じたということではなく、在庫リスクを負いたくない企業、その企業の物流を包括受託したい企業など、それぞれが合理的に行動した結果行き着いたのが現在の姿であり、これがこの問題の難しさである。

流通・物流の非効率について議論する時に、陥りがちなのが「小売業が悪い」または「卸売業が悪い」といった「○○悪玉論や○○不要論」である。むしろ特定の企業が一方的に問題であるなら議論は簡単だが、こと日本の消費財流通に限っては、サプライチェーン全体を明確な意思を持ってデザインするような圧倒的リーダーシップをもった主体は見当たらない。物流・ＳＣＭの全体最適を実現できず、部分最適に陥ってしまうのは、そのようなリーダーシップを発揮することの難しさと関係しているとも言える。

とは言っても、ミクロレベルの合理性はやはり部分最適であり、そこには様々な矛盾が付きまとう。

以下に挙げるのは、そのような矛盾を感じさせる2つの事例である。

① 欠品ペナルティ

小売業は通常、自社の物流拠点には少量の在庫しか保有しない。一方、自社で十分な在庫を持っていないということは、急な需要変動が生じた場合に欠品が起きる可能性が高いということである。例えば急な気温の変化で清涼飲料の売上が増えるといった場合、自社在庫だけでは需要に応じきれない。そのような場合、取引先（卸またはメーカー）からの在庫補充によって凌ぐことになる。一方の取引先から見ると、小売業からの発注に備えてあらかじめ在庫を積み増しておく必要があるということになる。

この在庫の積み増しには相応のコストが伴うわけだが、それを取引先に促しているのが、「欠品粗利補償」というある種のペナルティの仕組みである。欠品粗利補償とは「欠品が生じた場合、粗利分を取引先が負担する」という制度である（注6）。このような制度によって、小売業に代わって、卸売業等が多くの在庫を保有することが担保されているということである。

図表29　センター前センター

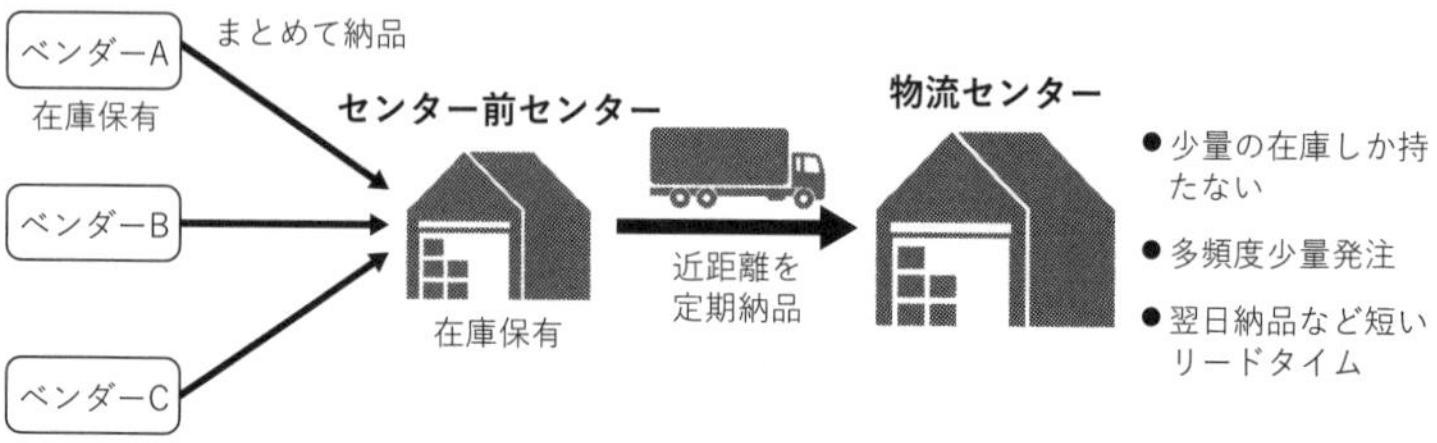

資料:筆者作成

日本の小売業における店頭欠品率の低さは広く知られている。米国ウォルマートの店舗などを訪問した際、陳列棚がガラガラであることに驚く日本人も多い。日本の小売業のそのような欠品率の低さの裏には、欠品ペナルティの制度がある。この副作用の一つが、サプライチェーン上の在庫を増やすということである。

②センター前センター

ある物流センターへ納品するために、もう一つ別のセンターを設ける場合がある。これを「センター前センター」と言い、近年、その設置が広がっている。設置主体は複数のベンダーである。

ベンダーがこのようなセンターを敢えて設置するのは、納品先の要請に応えるためである。

納品先の物流センターは、通常、少量の在庫しか持っていない。そのため、翌日納品などの短いリードタイムで、多頻度・かつ比較的少量の商品を発注する。そのような少量の発注に応えるために、遠方からトラックを走らせるのは非効率である。そのため、顧客の物流センターの近隣に、在庫拠点を設置したほうが良い。

これが、センター前センターの設置が増えている理由である。実際、ベンダーとしては、センター前センターを設置することで、物流コストが減る。一方、マクロ的視点から見ると問題点が浮かび上がる。その一つはストックポイントの増加である。サプライチェーン全体で見るとストックポイントが増加することになり、在庫保有上は不利益が生じる。

以上の事例はいずれも、個々の主体が合理性を追求した結果であり、その意味では正しい取り組みである。一方、物流・ＳＣＭの全体最適の方向性とは一致しないことも否定しがたい。そしていずれにも共通するのは、物流・ＳＣＭ全体を見渡したうえで、明確な意思を持ってデザインするようなリーダーシップを持った主体がいないということである。日本の物流・ＳＣＭが部分最適に陥ってしまう要因が、ここに垣間見える。

注１：以上は在庫機能の代表的な説明であり、ロットをまとめて輸送することで物流を効率化するといった、その他の機能もある。

注２：流通の川下の需要情報が正確に共有されないと、川上側の在庫拠点では、品切れが起きないように、余裕を持って多めの在庫を保有する必要がある。この場合の「余裕を持って」持つ在庫は、川上に行くほど増大してしまうという「ブルウィップ効果」も重要だが、ここでは割愛する。

注３：この一つの証拠が最近のＷ／Ｗ比率の推移であり、データについては「東京の産業と雇用就業 ２０１９」東京都産業労働局を参照。

注４：参考として、以下記事も参照。「『卸不要論』を一蹴？ 好調続く飲食料品卸に待ち受ける次なる課題とは」ダイヤモンド・チェーンストアオンライン　https://diamond-rm.net/management/224921/

注５：同社元ＣＥＯであるアンダッシュ・ダルヴィッグの著書『ＩＫＥＡモデル なぜ世界に進出できたのか』（翻訳志村未帆、集英社クリエイティブ、２０１２年）の記述による。

注６：欠品ペナルティの実態については、以下の資料を参照。『大規模小売業者と納入業者との取引に関する実態調査報告書』（公正取引委員会、２０１０年）

3－4　物流・SCM軽視の弊害③　――過剰物流サービスという部分最適

過剰サービスという部分最適

日本の物流は、そのサービス水準の高さで知られている。もちろん、サービス水準が高いということ自体は誇るべきことだ。

しかしながら、採算を度外視した過剰なまでのサービスは、全体最適とは真逆の方向性である。物流サービスはコストとトレードオフの関係にある。「高サービス＝高コスト」というのが経済的な原則である。両者のバランスを取り全体最適を推進するのが正しい方向性であり、どちらか一方を重視するのは部分最適でしかない。何より、コスト削減のしわ寄せを受けるのは、現場の労働者である。

以上のような意味で、逆説的だが、過剰サービスという問題は「物流の全体最

図表30 サービスを重視することでコストと現場負荷が増大

資料：TAMAGOPOTATO/PIXTAを元にサプライチェーン・ロジスティクス研究所にて加工作成

適」を軽視した結果生じた弊害だと言える。顧客クレームを絶対に許さない営業部門と、その営業部門に従わざるを得ない物流部門といった、組織間の力関係に左右される場合、全体最適は実現できない。言い換えれば、過剰サービスという部分最適の背景には、サイロ化の問題が潜んでいるのである。

異例に高い日本の物流品質

物流サービスの過剰さは様々な点で指摘することができる。宅配便一つとっても、複数回の無料再配達、細かい時間指定など、海外の類似サービスではあまり見られない、過剰とも言えるサービスが提供されている。日本の過剰なサービスを最もよく反映していると思えるのは、物流品質レベルの異例な高さである。

ここで言う「物流品質」とは、「誤出荷」「棚卸差異」といった作業精度、または作業ミスに関わるものである。物流品質は荷主・物流事業者ともに関心が高く、業界内でベンチマーキングが実施されている場合があるため、断片的ながら統計データが整備されている。そのようなデータを見ると、日本の物流品質の高さをうかがい知ることができる。

日本と欧米における物流品質を比較するため、図表31に代表的なデータを整理した。なお出典によって定義が一定ではなく、正確な比較ではないことをご了承いただきたいが、それでも両者の間のレベル差は明確である。

例えば出荷精度（誤出荷率）で見ると、日本は２ケタＰＰＭのレベルにある。なおＰＰＭとはParts Per Millionの略で、「百万分の１」を意味する単位である。日本では、物流品質は「ＰＰＭ管理」が常識となっており、物流品質の数値もＰＰＭ表示するのが普通である。

一方、欧米における物流品質は、これよりも遙かに低いレベルに留まる。出典によって一定ではないが、ここに挙げた以外のデータを見ても、両者にはザックリと言って2桁程度の差があることが分かる。

このような差を端的に表すのが単位の違いである。日本のようなＰＰＭ単位ではなく、パーセント単位での管理が一般的である。図表では比較のため、日本の数値を％単位でも併記したが、ＰＰＭ単位の数値を％で表記すると、小数点以下3～4桁の細かい数値になってしまい、非常に使いづらいのだが、日本以外では％単位での管理が普通なのである。

もちろん、誤出荷率が1％を超えるような低い品質レベルが正しいとは言えない。このような低品質では、むしろミスへの対応コストが上回る可能性が高い。ただし同時に、日本のような著しい高品質に、合理的な意義を見いだすのも難しい。というのも、このような高品質な物流の実現には、多額のコストがかかるからである。

ＰＰＭレベルの物流品質は、二重三重の検品抜きには実現できない。その作業は現場に多大な負荷を生じている。例えば物流センターへの納品時にはドライバーが検品に立ち会うのが一般的だが、これがドライバーの長時間労働の一因となっているのである。

図表 31　物流品質に関わるKPIの海外比較

	日本	欧米
出荷精度	誤出荷率　94ppm（0.0094％）	ピッキング精度　0.3〜0.8％ 誤出荷率　6.2％ 配送における破損率　2.2％
遅延・時間指定違反	遅延・時間指定違反　298ppm（0.0298％）	遅配率　7.1〜9.4％

注：各データは日本と欧米とでは定義が同一ではないなど、厳密な比較には適さないことに留意が必要。
資料：<日本>日本ロジスティクスシステム協会「ロジスティクスKPIとベンチマーキング調査報告書（概要版）２０１４」
<欧米>WERC, DC Measures 2020 , European Logistics Association, Excellence in Logistics 2004 他から

過剰品質を生む過度な顧客志向

その他の点でも、過剰品質は、物流現場で大きな足かせとなっている。その一例が、「段ボールも商品」として捉える、日本独特の商慣習である。

段ボールは輸送途上の商品を保護するための梱包材である。段ボールはそれ自体がクッションとなることで、商品本体を衝撃等から守るのが本来の役目である。

ところが日本では、多くの業界で「段ボールも商品の一部」と見なされており、段ボールの汚損・破損は

返品の対象とされている。破損等による返品輸送コストは通常、売り手の負担であり、コストアップにつながる。また、商品を再梱包するなどのコストも馬鹿にならない。このようなクレームを避けるため、梱包の上からさらに梱包するようなケースもあり、これは梱包材としての段ボールの役割を否定しているに等しい。

公平のために付け加えると、返品を求める側にも理由が無いわけではない。すなわち、「段ボールが凹んで（汚れて）いると顧客のクレームになる」というものである。流通業が顧客である最終消費者のクレームに敏感に反応するのは当然とも言えるが、その副作用として、納品先に過剰品質を求めるといった悪循環が生じていることも事実である。

この例から分かるとおり、過剰品質を招いている背景には、顧客側の要求（またはクレーム）に対する企業のある種の過剰反応がある。顧客要求が優先され、物流にそのしわ寄せがいくというのが、ここでの基本的な構図である。物流への「しわ寄せ」の典型例は、納品先から受取拒否された商品をドライバーが「弁償」させられるケースである。実際にそのような形で、ドライバーなど現場労働者が過剰品質のリスクを背負わされるケースが少なくないのである（注1）。これは、

図表32「店着価格制」における商品価格と運賃との混在

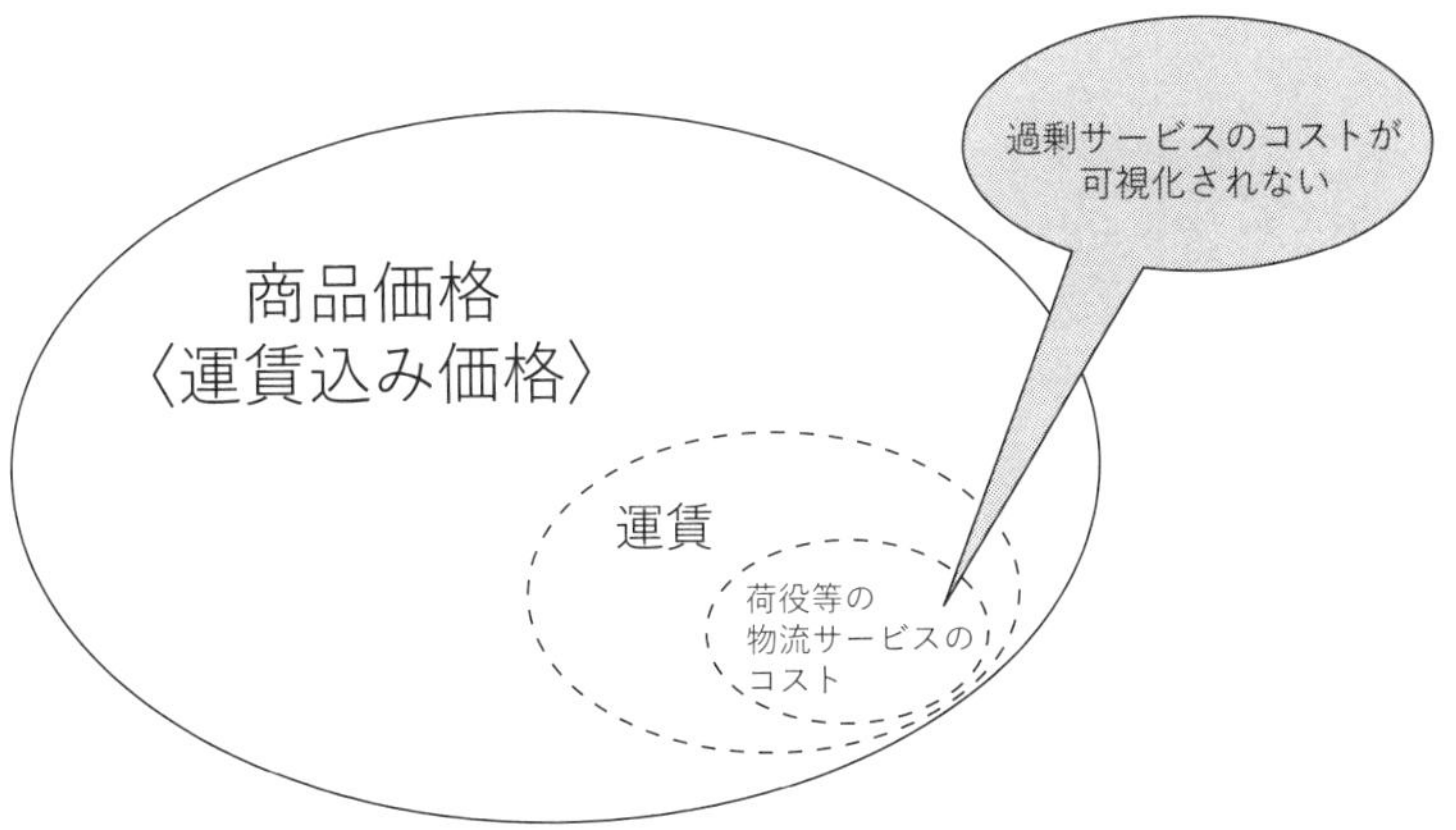

資料:筆者作成

物流・ＳＣＭが目指すべき「全体最適」とは真逆の部分最適である。

部分最適を強化する「店着価格制」

このような部分最適が、こと日本で生じる要因の一つが、店着価格制として知られる商慣行である。

よく知られているとおり、国内の企業間取引では、モノの買い手が物流コストを明示的に負担しない「運賃込み」での契約が大半である。この契約条件のことを「店着価格制」という。つまり、物流サービスの価格は商品価格に合算され、明示され

図表33　輸送費の分離状況（製造業）

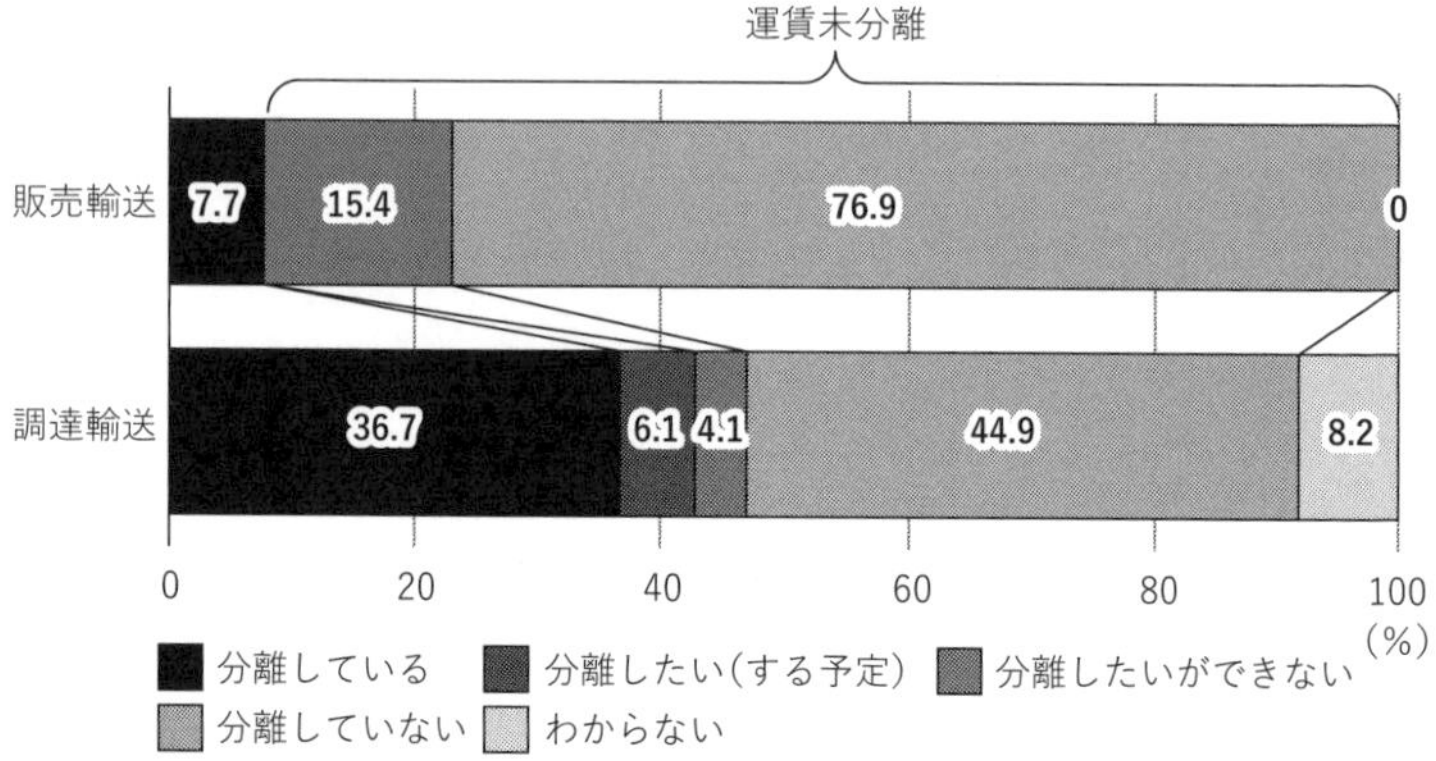

資料：国土交通省国土技術政策総合研究所「商慣行の改善と物流効率化に関する調査業務」平成17年度回答のうち製造業について筆者抜粋

ないケースが大半だということである（図表32）。

図表33は、製造業における、商品価格と輸送費との分離状況を示している。これによると、販売輸送においては（「分離したいができない」といった場合も含め）9割以上が「運賃未分離」であることが分かる。

このような「運賃込み」の取引は、世界的に見て一般的ではない。

欧米やアジアの大陸国では、輸送が長距離になるため、そもそも運賃込みでの取引が現実的でないし、また、商品の買い手が、自社で輸送手段を手配して「取りに行く」ケースが多いことも知られている。いずれも、商品本体価格と運賃を分離することを促しているのである。

日本では、物流サービス料金が運賃と分離しないことが多いわけだが、これは効率化を阻害する効果を生む。なぜなら、買い手から見ると「運賃はタダ」であり、「タダ」のサービスに効率化のインセンティブが働かないのは当然である。これが商慣行が過剰サービスを招いているメカニズムである。

「組織の分断が物流の全体最適を阻害する」ということを繰り返し強調してきたが、過剰サービス・過剰品質問題にも同じ定式が当てはまる。つまり、店着価格制という商慣行が部分最適を強化し、結果として過剰サービスが生じていると考えられるのである。

注１：便宜的に「弁償」と記載したが、安全手当などを減額することで、実態として弁償と同等の負担をドライバーに求めるケースを含む。

第4章

物流・SCM軽視が生まれる土壌

日本の物流・ＳＣＭの現実は、全体最適化にはほど遠く、サイロ化が進んでいる。

しかしこれは不可解な事実でもある。

全体最適化を実現すれば、物流・ＳＣＭに関わる全員が経済的な利益を得られるはずである。全体最適化によって全員がハッピーになるはずなのに、なぜそうしないのだろうか。やはり、日本企業の中に、経済合理性に反して、全体最適化を阻むようなメカニズムがあると考えるしかない。

ではどのようなメカニズムが物流・ＳＣＭ軽視を生み出しているのか。ここでは事例を織り交ぜながら、その実態を明らかにしたい。そのようなメカニズムを解明することが、物流・ＳＣＭ問題の解決にもつながるはずである。

4-1　事例から考える、サイロ化が強化されるメカニズム

グローバル物流の効率化とコンテナラウンドユース

現代企業における物流効率化の最大の焦点は、グローバル物流と国内物流との接続である。

過去20年間で日本の輸出入はほぼ2倍に増加し、企業のサプライチェーンは急速にグローバル化した。一方で、日本国内の物流拠点立地、輸送手段や道路交通法などの社会制度は、そのような急激な変化に対応しきれていない。そのため、グローバル物流と国内物流との接続にミスマッチが生じており、効率化の余地が大きいのである。

図表34　コンテナラウンドユースによる効率的な往復運行

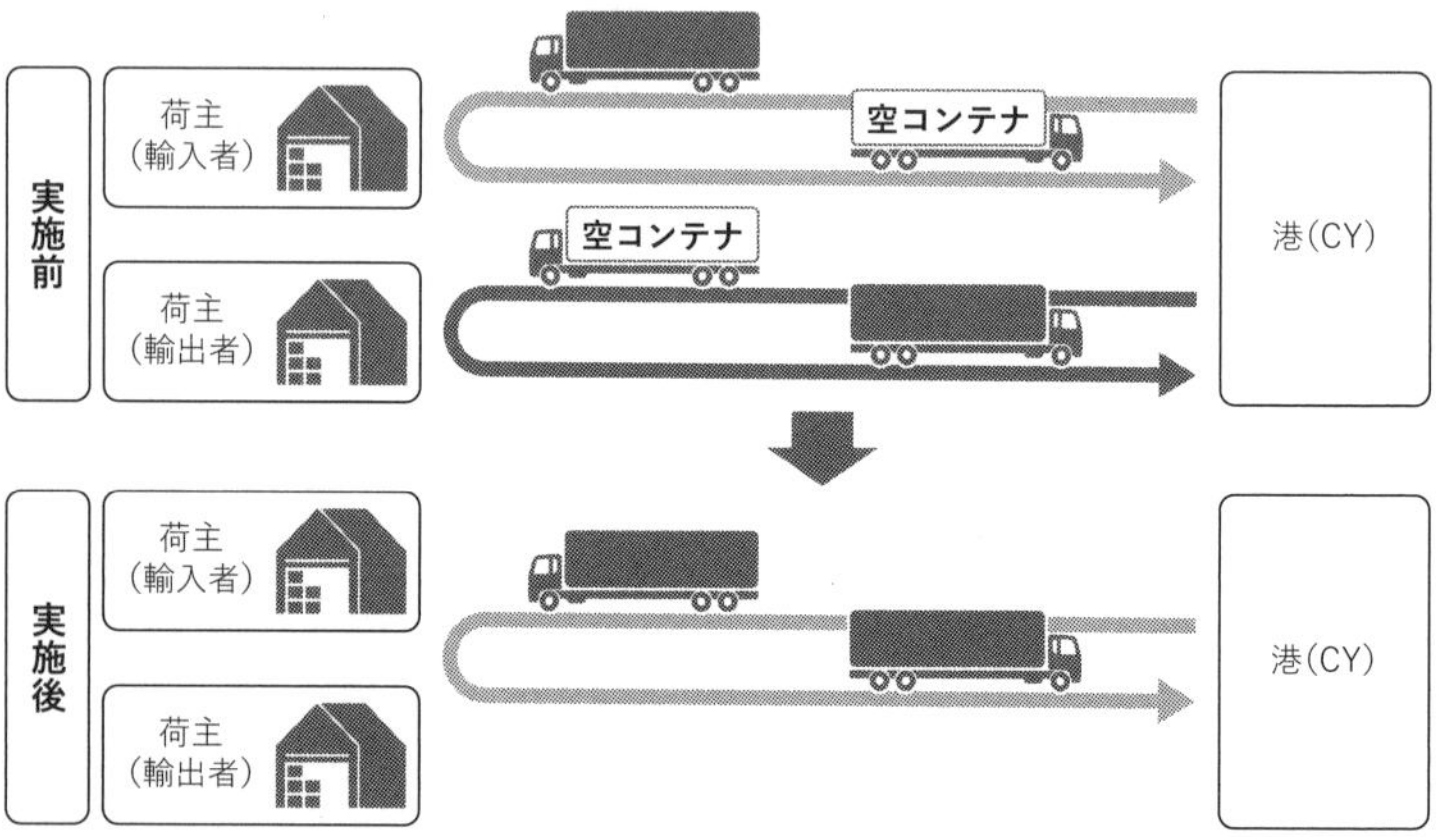

資料：筆者作成

その一例が、海上コンテナの国内輸送の非効率である。

輸出企業の多くは、製品を工場でコンテナに詰め、トレーラーで港に運んだ後、コンテナ船で輸出する。

ここで問題となるのは、製品を詰める前のカラのコンテナの輸送である。カラのコンテナは基本的に港から供給される。そのため、港から工場までの輸送は、ほとんどの場合は空荷での回送となる。トレーラー輸送の片道が空荷での輸送となると、コスト的にも負担が大きい。

このような問題を解決する一つの方法が、輸入企業と輸出企業とのマッチングである。輸入企業は港からコンテナを輸送してくるが、このコンテナは製品を下ろしたあとはカラになる。そのカラになったコンテナを近隣の輸出企業に持っていき、そこで製品を積み込めば往復輸送が実現できる（図表34）。なお、このような輸送効率化方策を、業界内ではコンテナラウンドユースと呼んでいる（以下、ラウンドユース）。

輸出企業A社がラウンドユースを実現できない理由

少し前のことだが、このようなラウンドユースに適した組み合わせの企業があった。ここではその片方である、輸出企業である消費財メーカーA社についてのエピソードを紹介する。

事前に入手したデータでは、工場がかなり内陸部にあるA社では相当数のコンテナをすべて空荷で回送している。ラウンドユースを実現すれば、効率化の可能性は高い。

そのような事前情報を踏まえ、A社の輸送担当者と面会し、ラウンドユースを実験的に実施することを提案した。

この時のA社担当者の反応はというと、「困難」の一言である。

この時に担当者が問題としたのが、船会社の変更である。どういうことかと言えば、輸入企業と輸出企業とで、起用していた船会社が違ったのである。詳しい説明は省くが、ラウンドユースを行うには、輸出・輸入で同じ船会社を使うことが望ましい（注1）。そのため輸出入のどちらかが船会社を変更する必要があったのである。

もう一つの問題は、A社の物流部門が船会社の決定には関与していなかったという点である。

A社ではグローバル営業の統括部門が船会社を決定しており、物流部門はその後に国内のトラック輸送だけを手配していた。このようなケースでは、営業部門に依頼をしても協力を得られる可能性は低い。営業部門の主たる関心は、海外の顧客に確実に製品を届けることであり、実際の物流オペレーションにはそもそも関心が薄い。物流部門の力関係が弱いこともネックになる。

大雑把に説明すれば、このような理由により、A社担当者はラウンドユースには乗り気にならなかったのである。

なお、これは何もA社特有のケースではない。このような部門間のサイロ化が物流効率化を阻むというのは、ごくありふれた事例であることを強調しておきたい。

この事例からも、サイロ化が強化される理由の一端が垣間見える。ラウンドユースによる物流コスト削減は、明らかに会社全体の利益につながる。しかし大企業では、このような問題意識を企業内で広く共有することは難しい。むしろ現実に優先されるのは部門単位での評価である。一方、物流担当者が営業部門の領域に首を突っ込んで改善に取り組んだとしても、物流部門内で評価されないであろうことは容易に予測できる。このように問題意識が共有されないこと、部門内評価が重視されるということがポイントである。

ところでこの事例には後日談がある。

物流部門はラウンドユースに乗り気でなかったA社だが、実はそのしばらく後に、ラウンドユースに本格的に取り組むことになったのである。

A社に心変わりが生じた本当の理由は知るよしもないが、周辺情報を踏まえると、トップレベルに直接、外部から働きかけがあったというのが、恐らくその真相である。現場レベルでは全く進まなかった部門間調整が、「外圧」で一気に進むというのも、よくある話である。

背高コンテナの通行規制と外圧による解決

余談ではあるが、外圧と言えば、外国からの圧力という本来の意味での「外圧」が、物流に関する諸制度に与えた影響は小さくない。80年代後半に勃発した日米貿易摩擦でアメリカが問題視した日本の非関税障壁の一つが、日本の物流諸制度であり、これがその後の、規制緩和の流れにつながったことは周知のとおりである。

このようにして規制緩和が進んだ一例が、「背高コンテナ」の通行許可である。

背高コンテナとは文字通り、背（高さ）が高い海上コンテナである。日本の道路は、原則として高さ3・8ｍを超える車両は通行できない。トンネルや高架橋などはその高さ制限を前提に設計されている。ところが海上コンテナのうち背高コンテナの輸送はこの高さ制限を超えてしまう。毎回、通行許可を取得すれば通行できないわけではないが、日本に輸出する海外企業が毎回許可を取らなければならないのは非関税障壁である。

アメリカの主張はおおよそこのようなものである。

これは主に道路交通の問題であるから、日本側の担当省庁は主に建設省（当時）と警察庁である。建設省の立場としては、高さ3・8ｍを超える車両の通行を許可するには、極論すればトンネルや高架橋を全部つくり直す必要があるということになり、省の立場としては受け入れがたい。警察庁としても、コンテナだけ安全規制を緩めるのも筋が通らないし、過積載などを取り締まる立場との整合性が問われる。そのため、この件に対しての両省庁の回答は「拒否」である。両省庁はしばらく反対の立場を崩さなかったが、最終的にはアメリカの主張に折れて通行規制を緩和することになる。

80年代後半といえば、すでに貿易の主流は海上コンテナである。当時の状況を踏まえても、背高コンテナの通行規制を緩和するのは、それほど無理のある議論ではないようにも感じるが、国内の関係者間で議論すると、落としどころを見つけることも難しい。一方で、そのような難しい調整であるにも関わらず、紆余曲折はありながらも最終的には、外圧を受け入れる形で、通行規制の緩和により解決することになる（注２）。

この件を取り上げたのは、言うまでもなく、外圧を歓迎するという主旨ではない。ここで指摘しておきたいのは、これまで見てきた企業におけるサイロ化の問題との類似性であり、また、外からの圧力がないと組織間の対立を解消できないという問題である。この二つのケースに共通するのは、物流という組織横断的分野において、個々のサイロを超えて全体最適を実現するような機能の不在である。

サイロ化が強化されるメカニズム

これまで述べてきた事例を踏まえると、サイロ化が強化され、全体最適が実現できないケースにはある程度共通の特徴があるように感じられる。筆者なりに整理すると、次の3点に集約されると思う。

①目的意識の非共有

個々のサイロの利害を超えた目的意識が共有されていない。目指すべき方向性がバラバラで、あるべき姿を組織内で共有できていない。企業内の例で言えば、物流部門、営業部門等の立場がバラバラである。物流効率化や在庫削減といった共通目標がないために各部門が協業できない傾向がある。

②全体最適化を求める機能の不在

部分最適を追求する個々のサイロに対し、その外から、全体最適化を求める機能が必要だが、そのような機能がない。企業内の例で言えば、物流部門、営業部門等の個々の部門を超えた、より上位の最適化を求める機能がない。その一例は、全体最適化によって企業価値の向上を求める、外部のステークホルダーである。言い換えると、外部のステークホルダーよりも、各部門の声が優先されるというのが、全体最適が実現できないことの一つの側面である。

③個別組織内部での評価の重視

個別組織内部での評価を重視する仕組みが存在し、全体最適化による企業価値向上への貢献が評価されない。全体最適を実現するには、例えば物流部門の担当者が、営業部門や製造部門を巻き込んで改善に取り組むことが必要だが、そのような取り組みは担当者の評価につながらない。営業部門などから見ても、物流部門に協力するメリットが見当たらない。

ところで、サイロ化の例としてよく挙げられるのが、かつての電機メーカーで見られた、事業部門ごとのバラバラな事業展開である。同カテゴリーの製品を事業部門がそれぞれ発売し、社内で市場を食い合うといった問題がその典型である。このような問題が生じる要因として指摘されるのが、かつて多くの電機メーカー

図表35　サイロが強化される組織とは

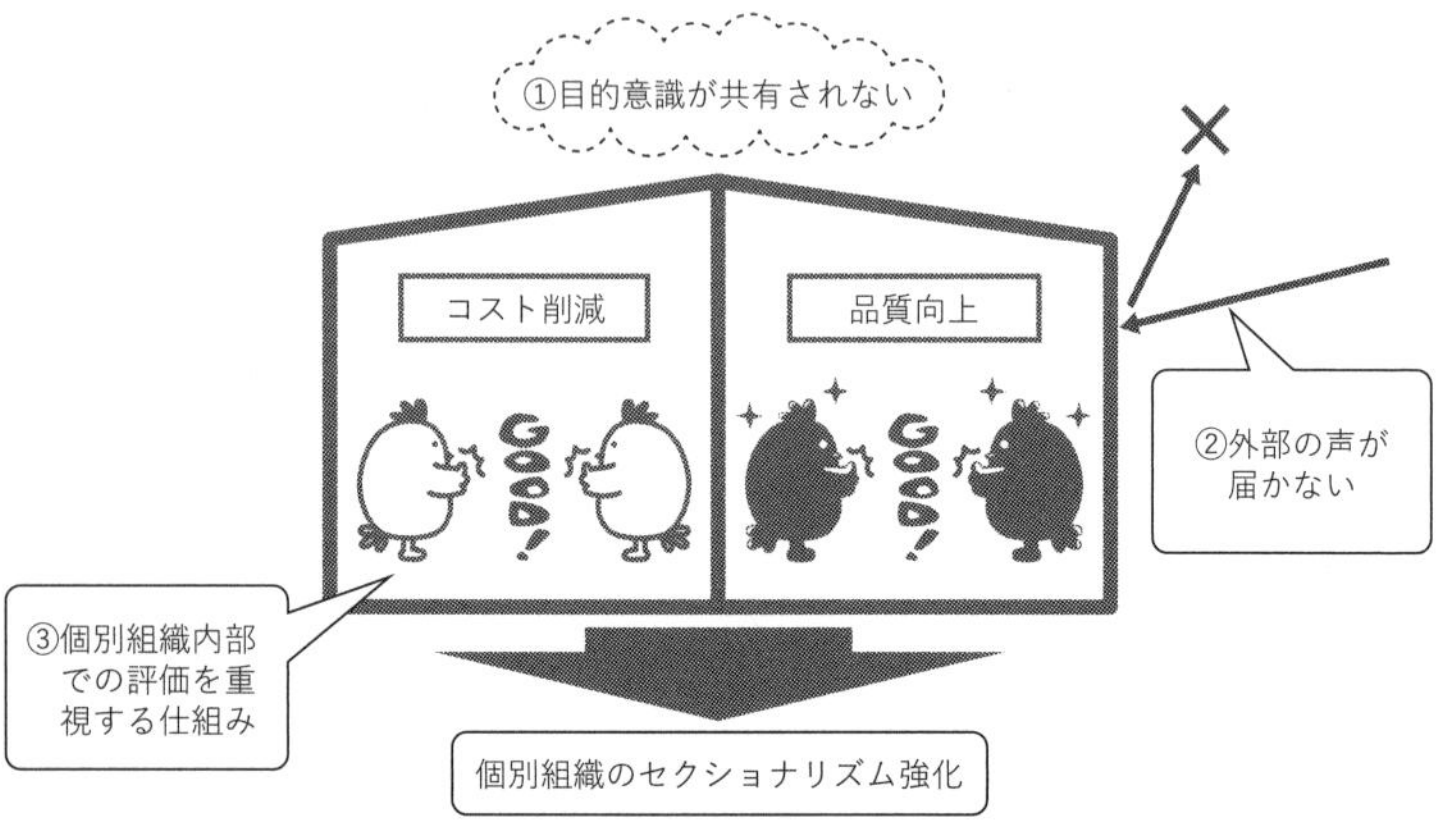

資料：TAMAGOPOTATO/PIXTAを元にサプライチェーン・ロジスティクス研究所にて加工作成

が取り入れていた、事業部ごとの独立採算制である。これも評価システムの歪みが、全体最適化を阻害する一例である（注3）。

物流・SCMの部分最適は、企業内の部門間でのサイロ化の問題と、複数の企業間でのサイロ化問題に分かれる。どちらの場合にせよ、サイロ化が生じているケースでは、多くの場合、先に述べた3つの要素が当てはまる。そして以上の要素の結果として、個別組織単位でのセクショナリズムが強化され、部分最適が再生産されるというのが、その大まかなメカニズムである（図表35）。

日本軍における兵站軽視とサイロ化

やや脇道にそれるが、物流軽視の問題を語る上で避けて通れないのが、日本軍における兵站軽視の問題である。日本軍における兵站軽視は、それだけを研究テーマとした専門書が数多く出版されているほど複雑な問題であり、筆者としても片手間に論じるつもりはないが、日本企業における物流軽視を語る上で、日本軍との共通性について触れないわけにはいかない。

軍事活動を遂行するには食料や弾薬が必須であることには議論の余地がないが、戦後に明らかになったのは、これとは真逆の日本軍の実態である。

戦後まもなく、南方戦線の悲惨な実態を描いた小説・映画が、従軍経験者の実体験を踏まえて数多く作られたが、ここで描かれたのは、軍事活動を遂行するのに必要な最低限の物資も供給されない実態であった。日本軍の戦没者の過半数は餓死であったという事実が、後年、『餓死した英霊たち』（藤原彰著、青木書店２００１年）によって広く知られるようになったが、これは日本軍における兵站軽視を知らしめるに十分である。

軍事活動に必須な兵站機能を軽視するというのは、企業における物流軽視とは次元の異なる「部分最適」である。自身の生死を左右するほどの組織的問題を放置することの背景には、何らかの組織的なメカニズムが存在するはずである。

日本軍を巡っては組織論的な研究も数多いが、その筆頭に挙げられるのは、『失敗の本質』（野中郁次郎他、中央公論新社、１９９１年）である。同書が指摘する日本軍の戦略・組織上の問題点は数多いが、筆者なりに主要な論点を要約すると、以下のとおりである。ここで指摘されている問題点からうかがえるのは、組織がサイロ化することで、部分最適化が生じてしまうメカニズムである。同書が繰り返し指摘するのは、「内部的な統合の欠如」であり、インフォーマルな属人的な結合の弊害である。このような日本軍の実態と、現代の日本企業における物流軽視とに共通する、組織的なメカニズムを指摘するのは、それほど無理のないことかもしれない。

①戦略目的や目標があいまいであること。グランドデザインや原理がなく、状況ごとに場当たり的に対応していた。また、陸・海の対立に見られるように、統合的価値が共有できなかった。（２６８、２７４、２８５、３９２他）

②短期決戦の戦略志向が強く、これが攻撃重視、決戦重視の精神主義と結びついていたこと。短期決戦志向は、諜報や兵站への軽視へとつながった。（２７７、２８０、２８２、２９６他）

③内部の統合が図れていなかったこと。陸・海・空の機能を一元的に管理する統合参謀本部を持たず、大本営にも作戦を統合的に検討できる機能がなかった。結果、海・陸の目標の差を最後まで埋められなかった。一方米国は、統合参謀本部という組織的な統合部門を持ち、陸・海軍の間の摩擦が生じる場合には、大統領がその解消に乗り出した。（３５６、３５９他）

④集団主義と人的ネットワークによる属人的な統合。陸・海等の組織・機能間の統合は、米軍のような統合システムによるものではなく、個々人による属人的な統合の傾向が強かった。また、陸大出身者等を中心とする強固で濃密な人的ネットワークが情緒的に結合しており、このようなインフォーマルな人的ネットワークが強力に機能していた。（３０８、３１１、３１８他）

注：（　）は文庫版のページ数に相当。

『失敗の本質』では、内部統合の欠如した日本軍の対極として、統合参謀本部や大統領が組織間を統合する機能を担う米軍の姿が描かれている。米軍は当時から兵站に注力していたことは周知のとおりだが、日米の兵站への扱いの違いは、現代の米軍と自衛隊とを比較しても明確である。

米軍の兵站重視は、組織や人材面から明らかである。

統合参謀本部には兵站総局（Logistics Directorate）が置かれ、陸海空の兵站を統括している。この点は、旧日本軍の反省を受けた自衛隊も同様であり、陸海空を統括する位置づけの統合幕僚監部に兵站（後方補給）を所管する組織が置かれている。また、2015年に発足した防衛装備庁は、英名で「Acquisition, Technology & Logistics Agency」とあるとおり、兵站を（部分的に）担当する組織でもある。

ただし、その内実は米軍と同様とは言えない。特に物流専門人材の採用・育成にはかなりの差があることが否定しがたい。

米軍の兵站担当のポストには、大学で物流・SCM等を学んだ、理科系の学生を数多く受け入れている（注4）。また、物流等の学位（MSSCM等）を取得している将校も少なくない。このような「物流専門家」は学会活動にも盛んに参加しているほか、産学を含めた交流が活発である。一例として、ノースカロライナ大の研究所が定期的に開催するセミナーに、米軍の兵站担当が派遣され、民間企業の物流担当等を交えた教育が行われている例がある（注5）。産業界との交流という意味では、退役した兵站担当が民間の物流分野で活躍する例も数多く見られる。

　このように、物流（兵站）専門家としてキャリアを積んだ人材が活躍する様子は、日本ではあまり見られない。これは、物流専門人材が活躍できないという日本企業の問題と、同根の問題であるように思える。いずれにせよ、軍事における兵站軽視は、過去の問題とは言い切れないことを指摘しておかなければならない。

原因なのか結果なのか

　以上のような議論を経て最後に残るのは、日本的組織に見られるこのような物流軽視が、「組織的メカニズム」の原因なのか、結果なのか、という疑問である。組織に物流の全体最適化への動機付けが低いために、サイロ化・セクショナリズムに陥っているというのが、原因としての側面である。一方、日本企業には、終身雇用制のような組織依存性を強化する仕組みが備わっており、その結果として物流軽視が生じたというような、結果としての側面もある。

この疑問は簡単に結論が出ないが、両方の側面があるというのが恐らく正しい見方であろう。組織的メカニズムが「物流軽視」という「結果」を生んでいることは明らかだが、同時に、後述するように、ある種の差別意識のような感覚が物流軽視の「原因」になっていることも否定しがたい。

いずれにせよ、物流軽視というのは、それだけ根深い問題だと言えるだろう。

注1：海上コンテナの多くは船会社が所有またはリース会社から借り受けている。そのため、X船会社のコンテナをY船会社の輸送に使うことは原則としてできない。

注2：当時、本件の日本側交渉の窓口を務めていたのが、当時は経済企画庁に所属していた、著名エコノミストの小峰隆夫氏であり、当時の交渉経緯については以下の同氏コラムでも紹介されている。
公益社団法人日本経済研究センター『小峰隆夫の私が見てきた日本経済史（第101回）／背高コンテナ物語』

https://www.jcer.or.jp/j-column/column-komine/20220218.html

注３：ジリアン・テット『サイロ・エフェクト』文藝春秋、２０１６年 2章を参照。

注４：例として陸軍の採用ページ。『U.S. ARMY TALENT MANAGEMENT』
https://talent.army.mil/job/logistics/

注５：MyNavy HR
https://www.mynavyhr.navy.mil/Portals/55/Messages/NAVADMIN/NAV2022/NAV22215.txt

4―2 メンバーシップ採用が強化する、「専門性ではなく組織への帰属意識」

メンバーシップ型雇用における、専門性への帰属意識の難しさ

ここからは、なぜ物流軽視がこれほど一般化しているのか、その要因について探っていきたい。

最初に取り上げたいのは、2―5で述べたことの繰り返しになるが、「メンバーシップ型雇用」との関連についてである。

日本で主流の「新卒一括採用」のシステムは、基本的には「メンバーシップ型」である。「メンバーシップ型」の対義語は「ジョブ型」だが、ジョブ型採用とは職務要件（ジョブディスクリプション）を定め、必要な能力を有する人材を採用する方式である。「ジョブ型」は職務要件に応じた専門性を重視するが、「メンバー

シップ型」は特定の専門能力で採用するわけではなく、会社内の様々な職務を経験させることが前提となるため、一般的にはゼネラリスト志向になる。

ここまでは前に述べたとおりである。メンバーシップ型雇用の是非を論じる意図はないため、これ以上深掘りはしないが、メンバーシップ型雇用が組織のサイロ化の問題と無関係というのも難しい。『サイロ・エフェクト』の著者・ジリアン・テット氏は、東洋経済オンラインのインタビューに対し次のように語っているが、このような見方はごく常識的であろう。

「サイロ化は、日本だけでなく多くの巨大組織が陥る問題です。しかし、その会社の中でしか仕事をしたことない人、特定の部門でしか働いたことがない人ばかりが集まっている企業で問題が起きやすいのは事実でしょう。1つの企業や部門しか知らない人は、どんなに優秀な人であっても視野狭窄に落ち入りやすい。生え抜きの幹部が部門において権力を掌握すると、過去を踏襲することによって、その権力を維持しようとします。その部門を変えずに維持しようという気持ちが起きてしまうのです。（原文ママ）」

出典：新聞社は「ソニーの失敗」を笑っていられない／「サイロ化」が成功した組織を蝕んでいく
2016.03.02　東洋経済オンラインより一部抜粋

海外（欧米に限らずアジア諸国でも）で一般的な物流のキャリアパスは、企業を渡り歩きながら専門性を高めるというものである。その背景にあるのは、企業内の物流・ＳＣＭのポジションの少なさである。単一の企業内で見るとポジションの数が少ないため、職能を軸にキャリアアップするなら、転職を前提とせざるをえないのである。

このようなキャリア形成が前提となるため、専門性がビジネスパーソンのアイデンティティとなる傾向が強い。

一方、日本におけるメンバーシップ型雇用では、帰属意識の生じる対象は「企業」とならざるを得ず、「物流という専門性」への帰属意識は生じづらい。さらにいえば、物流部署が「植民地」的な日陰のポジションであればなおさらである。

マネジメントとオペレーションの不分離

日本の雇用慣行に起因するもう一つの問題は、マネジメント層と現場オペレーション層の不分離である。

先進国でも新興国でも、物流のマネージャー層は大卒・院卒で英会話能力を有する等の高いビジネススキルを持つのが一般的であり、オペレーション層（ワーカー層）とは職能的にほぼ完全に分離されている国が多い。これにはもちろん、社会階層が分断するといったデメリットもあるが、その点はここでは深掘りしない。

一方、日本では、この職能的な区分が非常に曖昧である。物流事業者では、業界トップクラスの企業であっても、大卒で入社した新人は現場業務から始めるのがごく一般的である。部課長クラスであっても、例えば引越のピーク時などに現場作業の応援に入るようなことが珍しくない。荷主企業では流石に現場オペレーションを担当するケースは少ないが、それでも新人教育の一環で現場経験を積ませる企業は多い。

このように、マネジメントと現場オペレーションが地続きにつながっていることは、日本の強みでもあるが、一方で、物流がプロフェッショナルな職能として確立することを阻んでいる側面も否定できない。専門性の確立は分業が前提であり、分業のない業務では専門性も生じないからである。これは、特に海外展開する日本企業が直面しがちな課題でもある。

専門性の分化の問題は、他産業と比較すれば分かりやすい。例えば建設業では、設計計画・監理・施工が制度的に分業化されている。例えば建築士が現場の作業協力を求められるということは（ゼロとは言えないが）まずない。分業化によって、全体の仕事の性能が低下するということもない。分業による専門性の向上がプラスに働くとの認識が一般的である。

物流においても、専門性の確立と分業の推進とは一体不可分だと思えるが、現実は非常に曖昧である。

4―3　物流・SCMを重視しない経営システム～脱サイロ化を阻むガバナンス

CSCO・CLOと物流部長等との決定的な違い

物流・SCMの組織横断的な性質を踏まえて考えると、脱サイロ化は物流等の管理高度化において重要な課題であることが明らかである。実際、そのための経営学的な方法論の議論も進んでいる。その一つの帰結が、前述の「CSCO等の設置」であることは想像に難くないだろう。

繰り返しになるが、CSCOはCFOなどと並び「Cクラス」と呼ばれ、取締役会のもとでサプライチェーンに係る業務執行を担う立場である。CSCOは一見すると、部門長（物流部長、SCM部長等）と所掌範囲に大きな差がないよう

図表36　CSCOと物流部長の違い

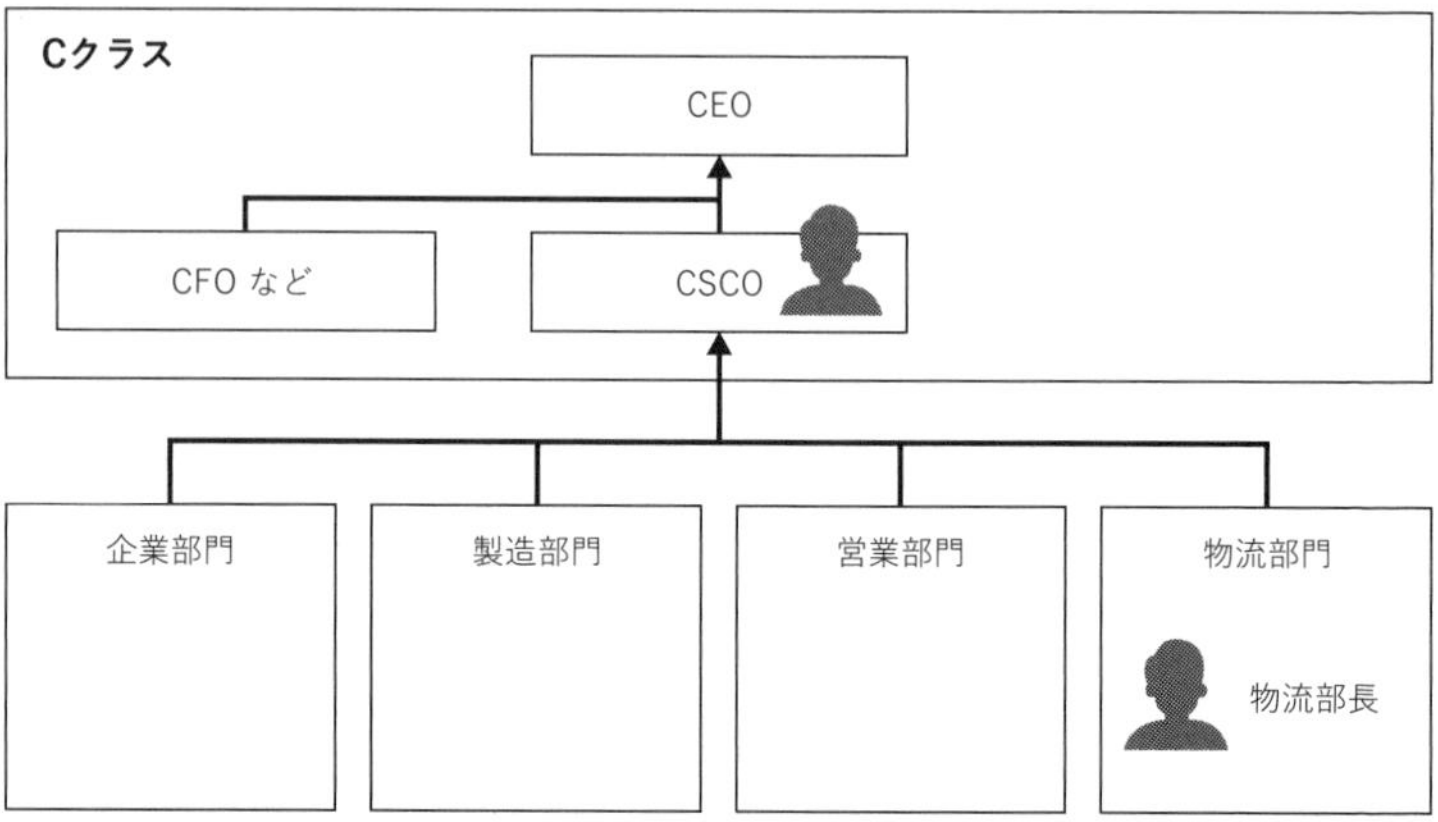

資料：筆者作成

に思えるかもしれない。しかし実際には、両者には決定的な違いがある。

企業のサプライチェーンは、製品企画、製造、営業、物流など、様々な部署の協働によって実現される。よって、CSCOは、サプライチェーンに関連してこれらすべての各部署を横串に刺すように所管する立場に当たる。端的に言えば、CSCOは物流部、SCM部等の「部門の長」ではなく、製造部長や営業部長等を所管する、さらに上長の立場に相当するのである（図表36）。

この点はいくつかのデータからも裏付けられる。

図表 37　CSCOのレポート先はCEOやCOOである

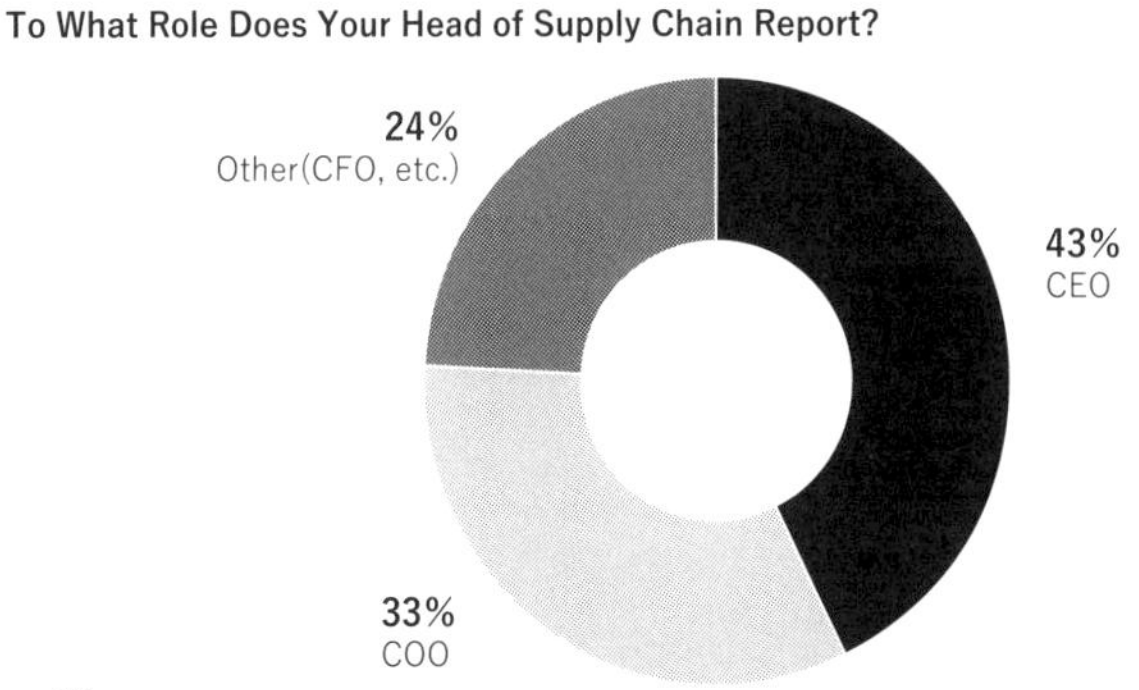

n=21

Source:2022 SCRIP survey data for companies on the 2021 Supply Chain Top 25 and Masters list

資料：Gartner『Is Your Chief Supply Chain Officer the Next 'CEO'?』
https://blogs.gartner.com/beyond-supply-chain-blog/is-your-chief-supply-chain-officer-the-next-ceo/

調査会社のガートナーは、毎年、グローバル・サプライチェーンのトップ企業を対象に実態調査を行っているが、その一環でＣＳＣＯの実態についての調査データを公表している。

これによると、調達、企画、製造、物流といったサプライチェーンを構成する主要機能がＣＳＣＯの管轄下にあるという。また、調査対象の4割以上の企業が、ＣＳＣＯの直接のレポート先としてＣＥＯを挙げているという（図表37）。

つまりＣＳＣＯはＣＥＯの直下でサプライチェーンに関わる各部署を横串に刺すように管理する役割を

担っているのである。このようなＣＳＣＯの組織上の位置づけは、物流等における組織横断的な「脱サイロ化」を実現する、まさにその役割を担っているのである。

経営課題としての物流・ＳＣＭの高まり

ところで、多くのグローバル企業がＣＳＣＯを設置しているのは、物流・サプライチェーンが重大な経営課題に浮上しているからである。その一つの傍証が、近年、決算発表の場で「サプライチェーン」という用語が言及される回数が飛躍的に増加していることである。

経営情報サービスの提供で知られるＣＢインサイトの調べによると、２０１０年頃に１０００回前後であった「サプライチェーン」への言及回数は、２０１９年には２５００回程度に激増している（四半期ごとの回数。なおコロナ影響を含まない２０１９年前半までの数値である）。

近年、海運やトラック輸送コスト増大、災害レジリエンスなどの背景から物流・サプライチェーンが企業価値を左右するとの認識が広がっている。そのため株主の関心も高まりを見せており、決算説明の場でも説明する必要が生じているのである。

ＣＳＣＯの設置の広がりも、同じ文脈で捉えられる。著名なグローバル企業の多くがＣＳＣＯを任命しているのは、物流・サプライチェーンが企業価値を左右するという共通認識のもと、トップレベルの専門人材をＣＳＣＯに充てる必要が高まっているのである。

物流におけるガバナンスの課題

これと比べると、日本企業におけるＣＳＣＯの設置率の低さは気がかりである。また、ＣＳＣＯの設置が進んでいないだけでなく、物流部門の地位の低さも問題である。物流部門のトップには、物流等の専門家ではない人物が就くことも多く、営業部等からの「横滑り人事」で物流部長が決まるようなケースもある。これは例えるなら、企業が財務部門のトップに会計の素人を据えるようなものだと言え、常識的にはあり得ないことにも思えるが、企業の物流軽視の姿勢と相まって、後を絶たないのが現状である。

このような物流軽視の人事は、企業価値を損なっている可能性も否定しがたい。

図表38 日米における会社への認識の違い

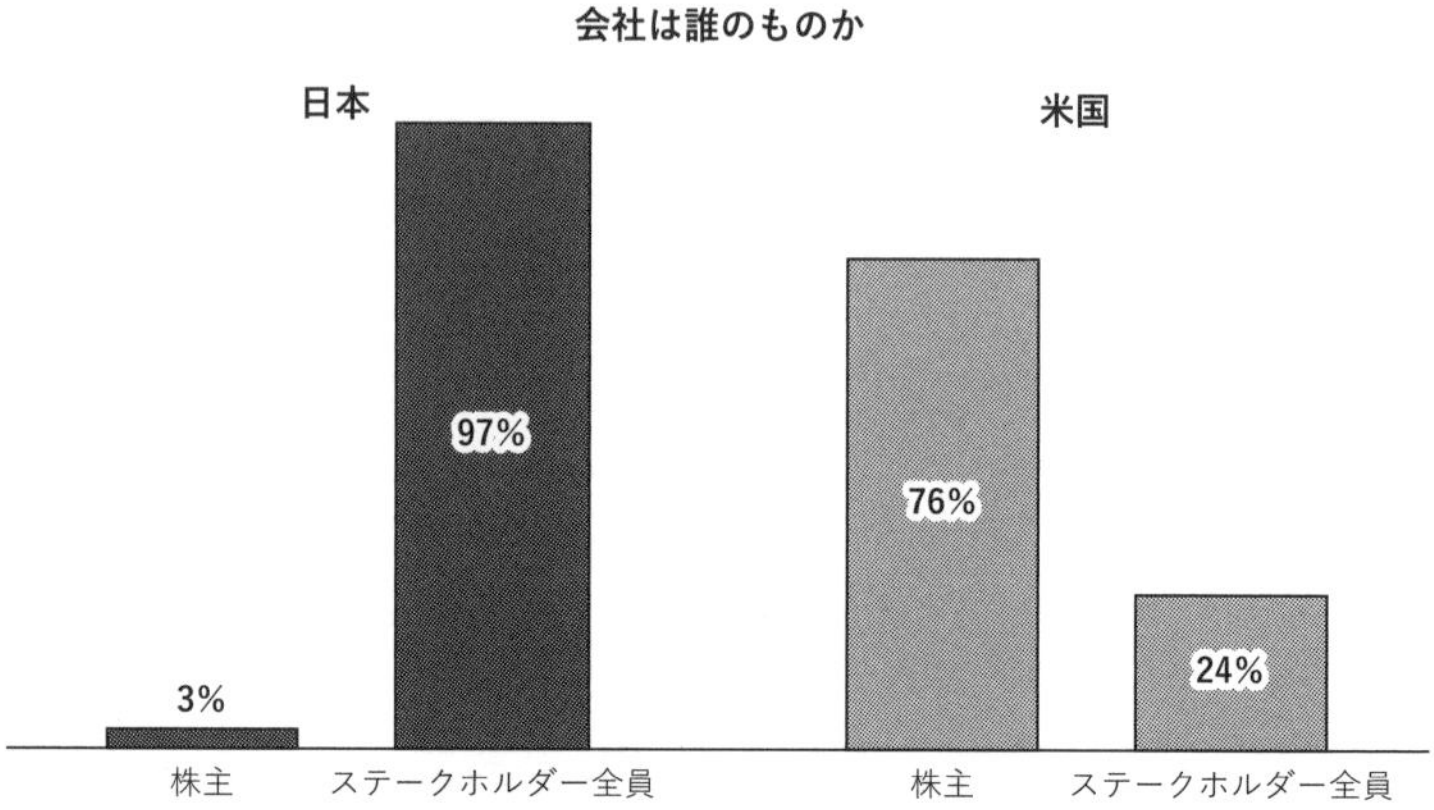

出典：Masaru Yoshimori, Whose company is it? The concept of the corporation in Japan and the west、1995

仮に物流についての知識・経験が乏しい人材が物流部門のトップに就き、誤った戦略的判断をしたらどうだろうか。そのような人事によって企業価値が損なわれる場合、その人事を承認した側の責任を問われても仕方が無いだろう。

このように見てくると、物流軽視が生じる要因の一つは、ある種のガバナンス不全だとも言える。

物流等の高度化は企業価値向上につながるが、既存組織に横串を刺す物流のような機能が有効に機能するには、トップダウンの強力なガバナンスが必要である。上述のようにステークホルダーにおけるサプライチェーンへの関心の高まりに呼応して、グローバル企業にＣＳＣＯの導入が急速に進んだ一方で、日本企業ではそのような動きが鈍いのは、図表38に示されるようなガバナンスの考え方の違いも影響しているのかも知れない。

いずれにせよ、このような物流軽視が、これまで見てきたような物流等の非効率を招いている一因であるとすれば、日本企業の競争力低下につながる大きな課題であると言えるだろう。

第5章

物流・SCM重視への転換のために

これまで見てきたとおり、日本企業の物流軽視は様々なルートで物流危機につながっているように感じられる。その影響は、産業界および国民生活に跳ね返ってきている状況でもある。このような課題を目の前にして、企業および社会はどのような対策を取れば良いだろうか。最終章となる本章では、その点を考えてみたい。

5－1　物流専門人材の確立

物流専門人材の確立が問題解決の出発点

最初に取り上げるべき論点は、人材の問題である。物流の知識を持った学生を新卒で採用せず、社内で物流専門家を育成せず、会社の役員にも登用しない、といった人材面の課題が、物流軽視の根幹にあることは疑いがない。

この中でも特に、新卒採用の問題は深刻である。学生が進学先を決める際に重視するのは、就職先の良し悪しである。就職時に有利にならないなら、物流を学ぶモチベーションは生じにくい。日本の大学が物流を教えないのは、端的に言って学生側のニーズがないからであり、その理由は詰まるところ、就職につながらないからである。大学をはじめとした高等教育機関は、国全体の教育・研究機能を担っているわけで、その大学における物流軽視は、社会全体の物流レベル低下につながる。

例えば、「軍事における物流軽視の傾向」が指摘されることを前にも述べたが、これも防衛省だけの問題ではないのは明白である。高度な物流人材を教育したり、研究したりする機能が社会の中にない以上、専門家を雇用するのも、研究成果を利用するのも難しくなるのは当然である。軍事における物流レベルの低下は、社会全体の問題を反映しているに過ぎない。

このような悪循環を断ち切るためにも、物流専門人材の活躍の場を確立することが重要である。

メンバーシップ型雇用との関連など、解決すべき課題が少なくないことは事実だが、この点を抜きにして問題の解決はあり得ない。物流専門人材を採用し、社内で育成する仕組みを作ることが、すべての問題解決の出発点である。

企業を超えた物流専門人材の流動化

物流専門人材の確立を図るうえで、次の課題は人材の企業を超えた流動化である。

これには2つの意味合いがある。

1つめは、物流専門人材の育成は、企業単体の枠内では難しいということである。一部の大企業を除き、物流・ＳＣＭ部門は少数のメンバーで運営されている場合が大半である。流通業では特にその傾向が強く、例えば食品スーパーの業界は売上規模で言うと2～5千億円程度の企業が中核を占めているが、物流担当は数名程度しか置いていない企業がある。また、そもそも物流専門の部署がない企業が少なくない。

このような人数規模では、物流部門内部でのジョブローテーションは不可能である。若手を昇進させようにも空きポストが生じないし、上席が退職するまで新人採用もできない。このような問題を避けるには、他部門と一括りにして扱わざるを得ない。

これに加えて、専門人材として経験すべき業務の「幅」の問題もある。

物流の専門人材を育成するには、若いうちから様々な業務を経験させる必要がある。しかし、一つの企業で経験できる業務の種類には限界がある。物流システムの企画といった幅広い業務経験を積むには、企業の枠を超えて活動することが避けられない。

2つめの論点は、人材の流動化自体が「脱サイロ化」の効果を持つということである。

製造業の物流を見ると、作業方法、容器の仕様、機器の活用法など、各社で独自の方法を採用している場合がある。企業というサイロの外に出て、より広い目線を持つことで、現状を改善できる可能性は高まる。また、例えば製造業と流通業の双方で業務経験を持つなど、サプライチェーン全体の事情に通じることも効果的である。

ジョブ型でなくても人材の「流動化」は可能

人材の流動化というとジョブ型の議論と結びつきがちであり、職務要件を前提としたジョブ型雇用の成り立ちを考えると、それ自体はやむを得ないことである。ただし、大企業の総合職に多いメンバーシップ型雇用を前提としながらも、企業を超えて人材を「流動化」させることは不可能ではない。

主に若手~中堅層がターゲットとなるが、実際、物流実務の経験を積ませるために物流業や3PL（サードパーティ・ロジスティクス）企業等と人事交流を行っている荷主企業もある。物流業と荷主との人事交流というと、ＯＢの天下りのような「一方通行」の印象が強いかも知れないが、双方向的な人材交流の仕組みも生まれつつあるということである。

このような交流は、サプライチェーンに関わる広い知識を身につけることにつながり、荷主企業にとっても本人にとってもメリットが大きい。もちろん、物流業や３ＰＬにとっても荷主との結びつきを強めるというメリットがある。

ＣＳＣＯ等の外部起用

人材の流動化に関わる最も重要で、なおかつ最もハードルが高い問題は、ＣＳＣＯなどの上位の役職者の流動化である。ＣＳＣＯへの適格者が社内にいない場合、ヘッドハンティング等で連れてくるしかない。しかし言うまでもなく、他社出身者が上位のポストに就くということは、終身雇用や年功序列を前提とした組織的な秩序に真っ向から反する。

この関連で一つ象徴的なケースが思い浮かぶ。

かつてある地方の中堅企業（仮にＡ社とする）が、ビジネス上のつながりのある企業B社の物流部門トップ経験者をスカウトし、自社の物流部門トップに据えたケースがあった。この「移籍」に際しては、A社は企業トップの強いイニシアティブがあったためか、A社サイドでは大きな波乱は起きなかったようだが、移籍元のB社サイドにはかなりの困惑をもたらしたようだった。B社関係者の一部には、「古巣への裏切り」というような受け止め方をした人もいたようである。古巣がこのような対応であれば、ご本人も気まずい思いをしたのではないかと思う。

これは一例だが、メンバーシップ型で雇用された社員が他社に移るということは、必然的にこのような摩擦を生じうる。前職での活躍を評価された結果であればなおさらである。

筆者が知る限りでは、一定規模以上の日本企業の物流・SCMのトップで、外部から起用されたケースは皆無に近いのだが、恐らくその主因は、移籍元・移籍先双方で生じる、このような「感情的な摩擦」の問題である。

ただし、このような「摩擦」を避けるために、人材の流動化を阻むのは本末転倒である。メンバーシップ型の雇用のせいで、有為な物流人材の他社での活躍の可能性を摘むのはナンセンスだと言わざるを得ない。

国や産業界では「高度物流人材の活躍が必要」といった主旨の提言を、これまで度々行っている。それが産業界にとってプラスになるのであれば、企業を超えた活躍に対して「寛容さ」を持つことも、是非期待したい。

人材流動化を阻害するシステムの見直し

欧米（特に米国）で社会人が物流・ＳＣＭの学位を取得する大きな目的は、転職で収入アップを図ることであり、大学もその点をアピールしている。

人材の企業を超えた流動化を促進するには、その能力を客観的に評価する仕組みが必要であるが、職歴やいわゆるレファレンスチェック（前職の職場への照会）に加え、欧米では学位が重要な役割を果たしている。また、中国のように物流の国家資格があり、学位に類似した位置づけを与えられている国もある。

一方の日本では、物流の国家資格がなく、いくつかの団体が認定する民間資格が主として活用されている。

もちろん、物流の能力をきちんと評価するものである限り、資格が国家資格でないことそのものは大きな問題ではない。ただし、問題は資格取得が人材の流動化にプラスに寄与していないということである。

というのも、現在は資格取得経費を企業が負担している場合が大半であり、企業としては資格取得後すぐに転職されると、わざわざ教育をした意味がない。そのため企業が転職を牽制するような制限を設けている場合がかなりある（もちろん、これは企業としては至極当然のことである）。これは「サイロ化」を促す日本的仕組みの一つということであり、改めるべき雇用慣行である。

いずれにせよ、メンバーシップ型を前提とした雇用システムのもとでは、資格制度でさえ、人材の流動化を阻害してしまうというのは、皮肉な事実というほかない。

5−2　物流におけるサイロ化を防ぐための仕組み

組織融合とマトリクス型組織

トイレタリーメーカーの花王は物流先進企業の一つとして知られている。

同社の従来からの営業の特徴は、他社には見られない個店レベルへのメーカー直販体制だが、それを支えているのは効率的な物流機能である。物流センターの運営を物流業等に頼る企業が多い中、花王はグループ会社の花王ロジスティクスで6千名近い従業員を抱え、北海道から沖縄に至る多数の物流拠点を運営しており、異彩を放っている。

さて、このような花王は、企業組織における「脱サイロ化」に向けた他社にない取り組みを行っている。

その一つはマトリクス型組織の導入である。

花王はビューティーケアといった「事業」を、研究・生産・販売などの「機能」がサポートする、マトリクス型組織を導入している。縦割り型の組織と異なり、マトリクス型組織では様々な部門との協業が生まれ、その中で新しいビジネスアイデアが生まれることが期待できる。同社の澤田道隆氏（現会長、当時は社長）は、雑誌インタビューでマトリクス型組織の特徴を次のように説明している。

「マトリクス運営を行っていますので、いろいろな人と議論する場があります。（中略）知らないことでも、関心を持って立ち入り、従来の凝り固まった考え方に対して、違う視点で意見を言えば、相手にとっても新鮮です。そうやって波長が合ってくれれば、良いハーモナイゼーションが生まれます。これがマトリクス運営の本質です。」（資料1）

このように、マトリクス型組織には縦割りによる「サイロ化」を防ぐ効果が期待できると考えられる。

物流におけるマトリクス型のメリット

これまでの議論では「マトリクス」の縦軸は事業部単位だったが、縦軸の取り方は様々である。地域を縦軸にすることもあれば、調達・生産・営業といった組織を縦軸に取ることもあるだろう。いずれの場合でも、マトリクス型組織による脱サイロ化が重要であることには変わりない。

そして、このような脱サイロ化のメリットは、物流管理の面で特に明らかである。この点は、逆に事業部別にバラバラに物流が管理されているような企業を想像すれば分かる。企業によっては、物流部門は事業部の下部組織に位置づけられているケースがあるのだが、その場合、例えば各事業部が個別に輸送手配を行うこととなり、事業部ごとにトラックを走らせるなどの非効率が発生してしまう。このような非効率は、事業部を超えた横串での管理によって解消できることが分かるだろう。

同じように、マトリクス型によるメリットは、在庫や需給調整の側面でも発揮される。

企業は需要の見通しをもとに原材料の調達、生産等を計画するが、需要予測には不確実性が伴う。そして予測と実績のギャップは在庫に影響を与える。需要予測が過大だった時には製品の作り過ぎによって在庫が過剰になり、予測が過小である場合には、在庫切れが生じる。

このような問題を生じさせないように、企業は日常的に需給調整を行う必要があるが、そのためには様々な部門を横断した調整が必要になる。需要動向に応じて原材料の調達量は調達部門、生産計画は製造部門、マーケティング計画はマーケティング部門といったように、多様な部門が関与するからである。

ここでよく問題となるのが、物流部門の「立場の弱さ」である。

在庫過剰によるコストアップの影響を受けるのは物流部門であり、また、リアルタイムな在庫情報を持つのも物流部門である。ところが多くの企業では物流部門は立場が弱く、「他部署を巻き込んで調整する」ことが不得意であり、その解決が問題となる。

組織融合におけるデータ活用

再び、花王における取り組みを例に説明しよう。

花王は部門横断的な需給調整に早期に取り組んでいたことで知られる。

１９９０年代には物流センターの在庫と出荷予測情報を商品別に可視化するシステムを構築し、２０００年頃にはロジスティクス部門（現ＳＣＭ部門）の担当が毎朝、システムをもとに在庫データを確認し、改善すべき問題点が見つかった場合には、営業部門の担当者と情報共有する仕組みが構築されている。現在では需給に関わる担当者が一同に介して会議を開催するセールス・オペレーション計画（Ｓ＆ＯＰ）の取り組みは珍しくないが、同社の取り組みは日本企業における先駆けだったと言えるだろう。

花王がマトリクス型組織への転換を打ち出したのはもう少し後のことだが、組織を横串にした脱サイロ化の取り組みが、早い段階から物流管理に取り入れられていたと見ることができるだろう。

同社の取り組みのもう一つの特徴は、データを軸に組織融合を図っている点である。

抽象的なことを指摘しても、立場の弱いロジスティクス部門が他部門を巻き込んで動かすことはできない。他部門を巻き込むために、データを重視しているのである。

組織間の融合化を図り脱サイロ化を進めるためには、組織をマトリクス化することに加え、「定量的データが重要」というのが同社の事例から理解できる。

物流コストデータとインセンティブ設計

データ活用の重要性について、以上では在庫を例に説明したが、在庫と並ぶ重要な管理テーマが物流コストである。そして物流コストの管理も、在庫と同様に他部門との連携が必要となる。物流コストの変動要因と言えば、トラック運賃の値上げといった要因が思い浮かぶ。これは主に物流部門の管理対象であるが、例えば「受注が小ロット化し、小口配送が増えた」「商品の単価が下がり、売上比のコストが増えた」といったように、物流部門の責に帰せない要因が実は少なくない。よって、物流コストの管理でも他部門を巻き込んだ改善が必要なのである。

物流コストのデータ管理に早期から着手していた企業としては、サンスターが知られている。

サンスターは物流コスト管理の重要性に早くから着目し、物流コストを管理するデータベース・システムを構築。データベースは、届け先別と受注行単位（S

ＫＵ）別に、物流会社からフィードバックされた機能別の物流コストを取り込み、製品ＳＫＵ別に分配し保管している。

これらのデータは、販売チャネル・カテゴリー・ブランド別など様々な切り口で分析され、商品カテゴリーごとの営業担当者等、関係部署へ報告され、改善の取り組みに活用されているという（資料２）。

物流コストの場合も他部門との連携が必要だが、その際にポイントとなるのはやはり、データの活用であることが分かる。

なお物流コストが在庫と異なるのは、「小ロット化」といった輸送条件の悪化等の影響が、「コスト」という形で企業収益にダイレクトに反映されることである。商品カテゴリー別などの詳細な物流コストデータを把握しておけば、物流コストの増減を営業担当の業績に反映することも可能である。「物流コストが増えた」といったデータを営業担当に共有し、営業担当に自ら改善を促すことができれば、物流部門が一方的に改善を求めるよりも効果的である（今までの物流費分析により、物流コストに最も大きな影響を与えているのは「売り方」であることが認識できたため、同社では「売り方」を改善して無駄な物流活動を抑制していくべく、営業が納得できるデータ管理を行っている)。

このように、当事者が「自ら改善に取り組みたい」と思わせるようなインセンティブを持たせるのは、改善活動を成功させる秘訣である。このような、「インセンティブ設計」にデータを活用するというのも、組織間の融合を促進し、脱サイロ化を実現するための重要なアイデアだと言えるだろう。

資料１：Schoo for Business『マトリックス組織とは？その特徴と成功している企業の導入例を紹介』

https://schoo.jp/biz/column/822

「特集　最強の裏方～花王　ロジスティクス部　欠品ゼロへあくなき闘志」日経ビジネス２００１年7月30日

「花王　データ経営の正体／ＳＣＭ予測で欠品を74％削減」日経情報ストラテジー２０１３年10月号

「ガバナンスの仕組みを柔軟に進化させながら、花王らしさを追求する」一橋ビジネスレビュー　２０１７年冬号

資料２：「『物流コストの算定・管理』のすべて」久保田精一・浜崎章洋・上村聖、創成社、

2021年。同書中では、サンスターの取り組みについて同社・荒木協和氏にインタビューにご協力いただいた。

５―３　物流重視を決めるのは誰か

本書では日本企業における物流軽視を問題としてきたが、これはあくまでも一般的な傾向を述べているのであって、すべての日本企業が物流を軽視しているわけではない。むしろ、非常に早くから物流の重要性に着目し、自社の戦略の中核に据えて取り組んでいるような企業も少なくない。

ジャスト・イン・タイム（ＪＩＴ）に見る物流重視

その筆頭に挙げるべき企業は、言わずと知れたトヨタ自動車である。

トヨタ生産方式（ＴＰＳ）をトヨタ自動車（当時はトヨタ自工）が体系化したのは遡ること１９６０年代のことであるが、周知のとおりＴＰＳは「自働化」と並んで「ジャスト・イン・タイム（ＪＩＴ）」を2本柱の一つとしている。ＪＩＴは、「各工程が必要なものだけを、流れるように停滞なく生産する」という考え方であるが、その実現のためにはカンバン方式等による正確な部品納入が求められ、また、ＪＩＴの効果は在庫削減となって表れる。このようにＪＩＴは物流の高度化と表裏一体の関係にある。

後にトヨタの社長を務めることになる張富士夫氏は、トヨタ生産方式を確立した大野耐一氏（元副社長）のもとで、ＴＰＳの導入にあたった中心人物の1人であるが、張氏は後年、「現場改善といっても、機械をどうこうするという話ではなく、運搬、在庫の改善がほとんどだった」と語っている。この発言のとおり、ＴＰＳによる改善の領域の大きな部分を物流が占めていたのである。

ところで、ＴＰＳの具現化には、豊田英二氏（社長、会長を歴任）が主導的な役割を果たしたことが知られている。豊田会長についても多数の証言が残されているが、１９８２年にトヨタ自工とトヨタ自動車販売が合併する際、生産管理部門の次長であった張氏も、当時の豊田会長から直々に「自工の物流部門をつくれ」との命を受けて尽力した経験を語っている。

このような経緯を見ると、ＴＰＳの確立に豊田会長および時々の経営トップが関与し、その中には物流改善への関心が含まれていたことが分かる（資料1）。

自社配送による優位性の確保

物流に対するこだわりを持つ企業としては、山崎製パンもよく知られている。

2014年の2月に、関東甲信地方を記録的な大雪が襲った。その影響で中央道の一部区間が通行止めとなり、サービスエリアで多数のドライバーが寒中に足止めされるという事態が生じたことがある。この時、たまたま現地に居合わせた山崎製パンの配送トラックのドライバーが、積み荷のパンを無料で配布したのだが、SNS上では「リアルアンパンマン」などと称える声が上がるなど、大きな話題となった。

山崎製パンは自社製品の相当割合（一説には7割）を自社トラックで輸送している。同社のトラックは街中でもよく見かけるが、ナンバープレートは業務用の「緑」でなく、自家用を示す「白」のものが多い。自社で輸送をコントロールすることのメリットは少なくないが、災害時のこのような機敏な判断ができるということも、その一つだと言えるだろう。

少し古い数値だが、２０１０年時点で同社の配送トラックの台数は２６００台に上るという。これは路線トラック会社の中下位の規模に匹敵し、荷主としては恐らく日本でナンバーワンである（資料2、資料３）。

製品は同社の定める分刻みの配送スケジュールで配送されるが、このような配送計画・管理をメーカーが自社管理下で行っている例は日本では非常に珍しい。

この同社の方針は、同社経営層が、物流がマーケティングにおける主導権を握るうえで重要なファクターと捉えているためである。

同社は１９５２年から小売業へのルート配送を開始しているが、これは、「焼きたて」の鮮度・品質への要求が高い製パン業としての優位性を確保するためであり、一日2便配達、前々日発注といった高度な配送サービスを早期に導入している。製パン工場を中心とした商圏に対し独自の配送網を構築しているのは、そのような高サービスと輸送効率との両立を図る狙いからである。

この独自配送網はコンビニの出現等によって幾たびか転換を迫られるものの、これまで独自配送を維持している。この点は同社の創業者である飯島藤十郎氏をはじめ、歴代の経営トップに一貫する物流重視の姿勢の表れであるように感じられる（資料３、資料４）。

物流の重要性を左右する要素は何か

この他にも物流を戦略的に重視する企業として挙げておくべき企業は少なくない。以前取り上げた花王は、需給管理や流通・物流網の独自性に加えて、包装設計の改善、自動化への取り組み等でも知られている。また、卸による小売店舗への個別配送が一般的であった時代に共同配送や物流センターの運営に着手したセブン－イレブン・ジャパンも、特筆すべき「物流重視」の事例である。この他にも取り上げるべき企業は少なくないが、冗長を避けるために、ここでは概要を記すに留めておきたい。

いずれにせよ、このように、製造業・流通業の各セクターに、物流を戦略的に重視している日本企業を挙げることができるのである。では、これら「物流重視」の特徴を持つ企業には、どのような共通点が挙げられるだろうか。

言うまでもなくその一つは、経営上の物流の重要性である。物流コストや在庫負担の程度などによって、物流を軽視できない業種・業態がある一方、物流の重要度の低い業種・業態もある。

その分かりやすい尺度は、売上高に占める物流コストの比率である。（社）日本ロジスティクスシステム協会では毎年、業種ごとの物流コスト比率を調査している。これによると、物流コスト比率が10％を超えるような業種がある一方、比率が２％程度に満たない業種もある。コスト比率が高い業種の代表格は「通信販売業」だが、通販における物流の重要性は説明するまでもないだろう（資料５）。

トップレベルのコミットメントが何より重要

ただし、物流コスト負担等が同じようなレベルにある企業でも、すべてが同様に物流を重視しているわけではない。例えばコンビニ業界は売上高に占める物流コスト比率が高く、物流を重視する企業が多いが、物流コスト比率が同程度の生鮮食品小売業では、物流のほとんどを外注している企業が多い。アパレル業、家具小売業などを見ると、同一業種内に物流を重視する企業（例えばユニクロ、ニトリ）がある一方、ほとんど物流に関心を持たない企業もある。

従って、物流を重視するかどうかは、コスト面での重要性だけで説明することはできない。

以上を踏まえると、物流を重視するかどうかは、やはり、経営トップやオーナーによる物流への積極的な関心・関与が、重要なファクターであると考えざるを得ない。

担当者が作成した稟議書を下から上に上げていく「稟議制」に象徴されるようなボトムアップ型の意思決定は日本企業の特徴である。一方で、これまでも繰り返し述べてきたとおり、物流という全体最適の追求は、個別部門の利害に反する可能性を常に内包している。そのため、部門単位のボトムアップによる意思決定では、そのような戦略を積極的に推進するのが難しい。

実際、上述の企業をはじめとした「物流重視」はほぼ例外なく、トップダウンで物流重視の意思決定を行っているように見える。経営トップ等の関与により物流を重視する企業カルチャーを築き上げ、社内に定着させている点は多くの場合、共通している。

企業における物流の重要性を論理的に説明することは可能であり、そのための材料には事欠かない。ただし、組織全体の方向性を決め、戦略を遂行できるのは組織のトップをおいて他にない。トップの意思が重要だというのは月並みな議論ではある。それでも組織を一定の方向に導くのは人間の意思でしかない以上、改めてトップの意思の重要性を強調しておきたい。

物流重視の経営戦略を実現するうえでトップの意思と、その意思を実際の戦略に落とし込み、遂行するコミットメントは不可欠である。それがなければ、組織内がバラバラになり、部分最適に向かうことになる。その表れの一つが、多くの日本企業に見られる物流軽視であり、日本経済における課題の一つだと考えられるのである。

資料１：

トヨタ自動車　『トヨタ生産方式』

https://global.toyota/jp/company/vision-and-philosophy/production-system/

「日本ロジスティクスシステム協会、『グローバル経営と人づくり』テーマにトヨタの張富士夫名誉会長が講演」日刊自動車新聞、２０１４年1月24日

「トヨタ生産方式の体系／その狙いと位置づけ〈張富士夫氏・講演要旨〉」中部産業連盟・中産連会報、昭和54年1月20日

「トヨタ生産方式の原点は〝物流改善〟―ロジスティクスの目で経営高度化へ トヨタ自動車 代表取締役社長 張富士夫氏」月刊マテリアルフロー、２００６年10月

「豊田章男　１００年の孤独／トヨタ生産方式の今」週刊東洋経済、２０１９年9月21日

資料２：「特集　異端の経営・山崎製パン／止まらぬ成長　デフレに屈せず～競争力は自らの内に」日経ビジネス、２０１０年3月22日

資料３：山崎製パン社史編纂委員会「山崎製パン株式会社創業三十五周年記念誌「ひとつぶの麦から」」

資料４：「旗手たちのアリア　激動の時代に輝く人々、その半生を綴った抒情詩人～飯島延浩／製パン王は神を語る」日経ビジネス、２０１１年7月4日

資料５：「セブン－イレブン・ジャパン／終りなきイノベーション　１９７３－１９９１」セブン－イレブン・ジャパン・社史

「セブン－イレブンの『物流』研究／国内最大の店舗網を結ぶ世界最強ロジスティクスのすべて」信田洋二

「物流コスト調査報告書」日本ロジスティクスシステム協会、２０１７年度ほか

著者紹介

久保田精一（くぼた・せいいち）

合同会社サプライチェーン・ロジスティクス研究所　代表

熊本県生まれ、東京大学教養学部卒。財務省所管シンクタンク、公益社団法人日本ロジスティクスシステム協会等　にて物流分野の調査研究・コンサルティングに従事した後、現職。

城西大学　非常勤講師のほか、中小企業大学校などでトラック運送業実務家向け研修も担当（いずれも2023年時点）。

共著として、『「物流コスト算定・管理」のすべて』（創成社）『物流業の経営戦略とイノベーション「ケースで読み解く経営戦略論」』草野素雄・上村聖編著（八千代出版）。

日本物流学会会員、運行管理者（貨物）。

日本《にほん》企業《きぎょう》の物流《ぶつりゅう》軽視《けいし》が招《まね》く“モノが運《はこ》べない”危機《きき》

2024年1月31日　第1刷発行

著　者　　久保田精一
発行人　　久保田貴幸

発行元　　株式会社 幻冬舎メディアコンサルティング
〒151-0051　東京都渋谷区千駄ヶ谷4-9-7
電話　03-5411-6440（編集）

発売元　　株式会社 幻冬舎
〒151-0051　東京都渋谷区千駄ヶ谷4-9-7
電話　03-5411-6222（営業）

印刷・製本　中央精版印刷株式会社
装　丁　　江草英貴

検印廃止

Printed in Japan
ISBN 978-4-344-94972-0 C0034
幻冬舎メディアコンサルティングＨＰ
https://www.gentosha-mc.com/